演化与复现

——粤地传统客家村落
时空动态模拟

杨 希◎著

国家自然科学基金青年科学基金项目（51908160）
广东省自然科学基金面上项目（2020A1515010681）
深圳市自然科学基金面上项目（JCYJ20190806143403472）

中国建筑工业出版社

图书在版编目（CIP）数据

演化与复现：粤地传统客家村落时空动态模拟 / 杨希著 . —北京：中国建筑工业出版社，2024.4
ISBN 978-7-112-29721-4

Ⅰ.①演… Ⅱ.①杨… Ⅲ.①客家人—村落—研究—广东 Ⅳ.① K928.5

中国国家版本馆 CIP 数据核字（2024）第 066163 号

责任编辑：徐昌强　陈夕涛　李　东
责任校对：李美娜

演化与复现——粤地传统客家村落时空动态模拟
杨　希　著
＊
中国建筑工业出版社出版、发行（北京海淀三里河路 9 号）
各地新华书店、建筑书店经销
北京海视强森文化传媒有限公司制版
北京中科印刷有限公司印刷
＊
开本：787 毫米 × 960 毫米　1/16　印张：15¼　字数：236 千字
2024 年 5 月第一版　2024 年 5 月第一次印刷
定价：**98.00** 元
ISBN 978-7-112-29721-4
　　（42680）

序

为何研究传统村落历史形态演化规律

我于 2005 年进入大学，踏入建筑学专业。新生见面会上，学院内一位德高望重的老教授请新生们逐次回答同一个问题：为什么选择建筑学？我的理由是：中学时代读过一些关于梁思成、林徽因两位先生所做的历史建筑考察、保护与设计工作的书籍，心驰神往。遗憾的是，本科期间，建筑学教育并未给我对于本土文化的向往以足够的支持与牵引；同时，多数设计课程所传达的理念较为强调设计师的主观风格个性，对于规律性的问题不甚探索。然而在本人潜意识里，表形或上升到艺术层面的表达必然具有实打实的底层逻辑支撑，顺应多重客观约束而倔强生长出来的"存在"，是"设计"本身应学习且尊重的对象。

我在景观学系一位教授的设计作品里寻得了相似的思想呼应，从而触动我师从这位教授，转向风景园林方向进行研究生阶段的学术与设计探索。在此期间，我借校际联合培养的契机在日本留学一年，于新潟县、石川县的田畴间和濑户内海的岛屿上，观览众多农业遗产及大地艺术作品。但是，真正触动人心的是观览过程中的经历——明净纯粹的乡村风景，舒朗分布于风景中的聚落，在经济衰退背景下仍然完好无损的乡里人情，以及媲美城市的乡村基础服务设施。此番经历让我意识到，未来 50 年甚至 100 年，中国人居环境领域的主战场或许在乡村。在我的研究生阶段所参与的一些景观设计实践中，不乏村景与聚落形态相关的设计规划任务。然而面对一张白纸，要在上面叠山理水点建筑布种植，个人费尽心力"设计"出的空间形态终不如直接拓印本土地物之呈现更显自然之理、得自然之气。对村落所进行的整体一步到位的设计行为，在经时间洗练的自然生长结果面前显得异常拙劣，这不是设计本身的问题，这是对象的成形逻辑问题。乡村形态是时间过程性的、自下而上的、没有设计的演化结果。

以上是我决定在学术研究与实践工作中专注于传统村落历史形态演化规律这一方向的动机，也是本书的写作缘起。

我相信人文与科学之间并无界限，为了达到研究的目的，可以选择任何有助于问题解决的方法。本书的写作，并非方法导向性，而是问题导向性，我希望读者抓住导向村落形态逻辑挖掘过程中各个环节的主要矛盾，跟随我一起探讨破题方法及其可行性。

通过推断与猜想，进行历史过程的复建，摸索自然过程机理，创建智能模型并用其挖掘历史背后的核心规律，是本书的研究主干。其中涉及略显复杂的学术问题和操作方法，本书将尽力通过平实浅显的词句进行阐释。

目　录

第一章

传统村落历史形态研究的
思想方法与困境

言及"传统村落"，人们头脑中最直接呈现的影像或许是那些登录世界文化遗产名录的地方文化代表形象，如中国安徽省黟县宏村、日本岐阜县白川乡合掌村等。这些村子的动人之处在于有机地融入了第二自然环境中具有地方特色的建筑形式，也在于村落内留存地方史脉的生存形式。不同于单体建筑，村落作为由地域经济文化体系和自然环境基础所支撑的空间系统，从成型伊始便不过分强调个体元素的独立价值，而更多地表达着元素之间的关系，以及由这些错综复杂的关系所推动的系统化演进。这一空间系统与村落内部的社会系统紧密贴合，亦可能反映着特定时期国家与地方的微妙关系。亦因此，从事村落研究的先辈，如萧公权、傅衣凌、赵冈、费孝通等学者，在 20 世纪对于中国村落形态的探讨，并不直接从形态本体入手，而更多地通过解析国家、地方、宗族等不同层级组织结构下的村落社会生态来切入，从而揭示驱动村落生长与诱导村落衰退的完整的社会基础动力[1-5]。

因此，村落的价值不仅仅在于形态本体，形态结构系统及其背后多维度的历史信息资源，构成了我们对于村落价值的综合性判断。基于这一论点，"传统村落"的概念在中国于 2012 年 9 月，由传统村落保护和发展专家委员会第一次会议提出，官方给予"传统村落"的定义是：传统村落是指形成时间较早，具有丰富的文化资源和自然资源的村落，这些村落在历史、文化、科学、艺术、经济、社会等方面具有独特的价值。自此，"传统村落"取代了原"古村落""历史村落"等称呼而得到推广，强调了所定义村落的多元复合性价值。同时，传统村落相关保护工作引起了全国的关注，并获得了法律地位。截至 2023 年底，全国共发布 6 批传统村落名单，涵盖 8000 多个村落，其中不乏已被认定为世界遗产的村落。

传统村落的保护应保持其真实性、完整性和可持续性，尊重传统空间生长规律及其对所处自然与人文环境的依赖性[6]。传统村落作为乡村文化、经济、生态的重要载体，其历史空间格局往往是在不受规划活动干扰的情况下，通过自组织逐步生成的。一旦规划活动介入乡村空间操作过程中，人们的保护或开发行动必须基于一定的历史参考。那么，历史究竟可以告诉我们什么？

我们可以想象到的第一层面的历史信息便是空间的发展过程。这是一种较为直观的表象性信息，然而就在这方面知识的获取上研究者便会首先遇到较大的阻力——大多遗存至今的传统村落的发展经历了 300 余年乃至 500 余年，我们可能追索到的最早的村落卫星影像大概拍摄于 20 世纪 50—70 年代，在此之前更早的村落空间真实图景很难有直接而精准的依据。当然，没有直接的信息不代表历史信息的空白，在并不足够精确的历史地图里，在家族与村落的历史文献中，乃至今日村落老人的口述回忆中，都存在着可资追索村落形态历史的线索。空间发展的过程表象数据是空间研究的信息基础，也是根据各种间接信息所能修复的第一层面的历史信息，固然，信息的复建是一项需要付出大量时间与体力的极为艰难的工作。

　　如果村落空间的历史发展过程得以复原，亟需挖掘历史所潜藏的第二层面信息——透过形态信息本体，挖掘隐藏其后而操控形态演化的动力关系。只有理解村落形态演化的动力机制，决策者方可理解空间表象下的文明内核，进而把握空间组织的历史规则，在此基础上提出可靠的空间发展预期。然而，我们用什么方法来挖掘现象背后多元的动力因素及其复杂的作用机制呢？举一个简单的例子，通过观察，我们发现某村村落斑块较为亲近河流，再通过大量样本的统计分析，将这一认识细化到"村落斑块在距河流 50—100m 范围内分布密集"，于是这一认识构成了我们对于村落形态的知识，但仅仅是多元知识集中的一项。如果这种知识获取的目的在于指导实践操作，根据"距 xxx 在 xxx 范围内""xxx 不高于 xxx"等大量的要素关系信息，我们怎么在图纸上动态推演出符合条件的斑块位点呢？显然，这一命题超出了手动设计与规划的能力，从表象信息的提取深入到动力机制的挖掘，需要解决知识的规则化处理问题、多动力规则的综合处理问题，以及规则控制下的空间生长迭代操作问题。

　　传统村落的形态研究如果走向历史深处，呈现整体系统性关系逻辑，并追求切实的空间实践指导价值，就必然面对纷繁复杂的问题。本章作为本书的开端，将各种现实问题客观摊开，而后以这些问题为导向，在后续章节不拘学术领域，亦不拘特定方法，寻找达成目的的有效途径。

1.1 村落研究的尺度问题

1.1.1 时间尺度与时间分辨率

我们今天所定义的传统村落，其建成年代一般可追溯至明清，少数可至宋元，兴建于公元 1000 年之前的村落在今天已不易探寻到完整的实体。因此，公元 1000 年就形成了研究的分水岭。

针对公元 1000 年以前形成的村落，研究偏于考古属性，通常根据考古发掘或史志记载，还原出村落在某个时间点的空间格局形态，或村落与城邑、关隘、墟市等地物的位置关系[7-9]。这类研究的时间尺度可大可小，但由于遗存信息有限，即使研究时段长达几百年乃至千年，可还原的时间切片数量非常有限，至多只能估测 2-3 个时间节点上的村落空间形态，因而难以达到较高的时间分辨率。

针对公元 1000 年以后形成，尤其是始建于明清时期的村落，研究更贴近实体考证。虽然村落发展过程往往缺乏测量学意义上的图像数据记载，但是村落实体、文献信息和人群记忆尚有迹可循，信息的准确度和清晰度相对较好。通过实地考察和史料检索，对村落建筑和其他空间要素进行断代分析，或更进一步进行具体建设年代考证，从而基于当前空间影像对空间形态进行回溯推理[10]，将研究的时间尺度延展到较长的时段，理论上可以达到 300 年以上（与清朝存续时间相近）。与此同时，因各类信息粒度相对精细，在几百年的时段内，以 30-50 年为分辨率，推理复原相应时间节点的空间形态，理论上是可以做到的。

复原研究拉大了村落研究的时间尺度，然而如果试图通过时空复建而挖掘村落演化过程及其规律，必须提高研究所采用的时间分辨率——我们不可能通过间隔 100 年以上的两个空间图像来推理一个世纪的村落变迁规律。合理的时间分辨率与村落形态生长的周期应当有所呼应。就村落人口的自然生长规律而言，大概每隔 30-50 年家族便会迎来新生代的成长壮大，从而促进阶段性的空间扩张。因此，村落演化规律研究的信息时间分辨率以 60 年为上限，采用 30-60 年区间值是较为合适的。

　　30-60 年的时间分辨率是针对村落演化规律研究而提出的一个理论合理值，但是在既往研究中，这种时间分辨率下的空间复原研究极为鲜见，可归因于达到这种分辨率所需数据获取与综合处理的繁琐性。而事实也正是如此，村落里并非每个地物要素都有确切的年代记录，根据诸多间接信息，如族谱中记录的家族人员代际关系、人们口述中空间建设的先后顺序、历史测绘图和村志舆图标记的要素，推理探究每个地物的生成年代关系，实为一项耗时而费力的工作（图1-1）。

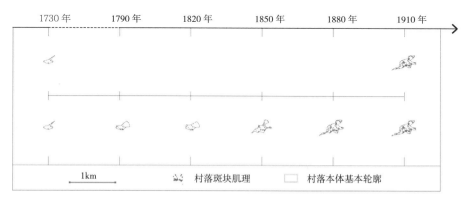

图 1-1　时间分辨率细化后的空间过程展现——民国以前的安徽西递村[1]

1.1.2　空间尺度与空间分辨率

　　目前的村落研究，所针对对象的空间尺度呈现为三类：跨区域尺度、区域尺度和村域尺度，各种空间尺度下村落研究的侧重有所不同。

　　跨区域尺度视角下，研究不会深入到自然村，行政村或行政村落组团被整体抽象简化为一个地理标记点，村落研究关注不同区域乡村居民点分布形态及其与外部环境要素的共通性关系。村落布点关系可通过形态变量或指数来描述，外部

1　本书图片来源，如无特殊说明，均为作者绘制或拍摄。

因素可代之以各种宏观地理关系变量或宏观经济变量。研究的主要思路是：或通过观察法探讨大地区村落集团布点与外部环境之间的关系，或借用某数学模型辨析两者相关性，提取相应规律。这类研究所覆盖的空间对象范围常包含多个文化地理片区，或延伸覆盖到整个国家[11]。

村域尺度和区域尺度是村落研究的两种重要的尺度单位：村域尺度研究以自然村或行政村建设区域的轮廓形态、空间肌理和用地增缩变化为研究对象，较适合深入挖掘村落个体特性，其研究结论可用以辅助村落自体形态的规划设计和确定有机更新的模式[12]；区域尺度研究将空间范围扩大到县、市乃至省，诸自然村落被抽象为地理空间位点，而村落点的布局特征及其"生长—消亡"的变化是区域尺度研究的主要内容，较适合分析比较村落关联集团内部之间的关系，研究结论多用以辅助村落系统结构规划与撤并决策的制定[13]。这两类研究尺度各有其实用价值。根据研究的样本数量统计，近 10 年来"村域—区域"两类研究的比重接近 1：4。与区域尺度的研究相比，村域尺度的研究量明显偏少。显然，个性化个体村落空间研究工作是相对缺乏的。在过去 10 年里，我国村庄空间实践以及相关研究十分重视村落撤并与复建工作，而传统村落保护实践量的增长相对缓慢。由此，不难理解村落空间两种尺度相应研究量所呈现的差距。就传统村落本体而言，村落的空间演化在宏观层级无法清晰展现，需要在能够反映村落的空间序列、组织关系和村落与环境关系的村域层级来观察。观察尺度的下降意味着空间分辨率的提高，在村域尺度下，我们看到的是断续的建筑斑块，而非连续的用地斑块。除了精细化的空间数据需求，相比区域尺度而言，村域尺度研究也需要更微观的社会经济数据和历史变迁数据，地域气候、人口总量、GDP 等宏观性因子基本失去了控制效力，而村落内部的宗族关系、产权关系、农地开发灌溉相关的人地关系等村落内部微观关系成为必须考虑的控制因素。控制因素的微观化转向给村落形态研究带来了不同于以往城市研究的复杂性，这些精细的关系法则乃至历史数据，难以通过现代网络信息平台爬取，必须将传统的田野调查、文献调查介入量化研究，并成为量化研究的先导行为。受历史性因素和技术性因素影响和限制，这类数据获取不易，亦为村域尺度研究发展缓慢的原因。

1.2　村落形态的定义问题

1.2.1　静态的形态定义

从静态视角出发，既往研究者曾用欧氏几何性的描述来定义村落的平面形态，如带状、团状、环状、网状、散点状等[14]。这种定义异常纷繁，仅就直观的平面轮廓形态而论，赋予简单几何形定义，似乎村落形态类型的可定义数量，不取决于村落作为地理环境中人居空间的属性特征，而取决于几何世界里的抽象形态种类。或许在几何世界里，环状和带状是两种截然不同的形状，但是，是否可以断定，空间上呈带状布局的村落在成形规则原理上不同于环状布局的村落呢？言及此，读者大概意识到，比村落形态定义更重要的是形态定义的分类法则。

单纯以村落本体的平面几何状貌为"形态"或"形制"定性，似乎过于武断。如果有两个边界形式相似的村落（如两个团状的村落），其中一村建于山腰，一村建于平原，几何形态本体很难说明两村的差异性。又如一个沿着狭长谷地山麓延伸的带状村落，和一个绕锥状山麓成环状布列的村落，几何形态本体又很难说明两个村落空间分布中暗藏的规则相似性（图1-2）。因此，团状、带状、环状……诸如此类的形态描述不具有真正的实际意义，很难凭借其对村落形态的本质做出有效区分，不适合作为形态的定义依据。

村落形态与地理环境和社会环境之间的关系，即聚居空间对各种人工的、自然的环境要素的趋向、回避、协衡等控制规则，才可作为村落成形的本质依据，也即村落形态分类的基础依据。

如果将村落抽离地理空间，视作一种纯粹的人工建成空间，那么村落内部的社会关系，例如，在经济、安全防卫等方面，村落社会中的个体或家庭单元是独立自成一体还是在不同程度上存在依存共享关系，便控制着村落斑块的聚合离散。从布局的离散程度来分析，村落形态无外乎两大类型，即集中连续式与分散断续式（又称"集村"与"散村"）[15]，其中分散断续式又可细分为随机散点式与均

a. 同质异象

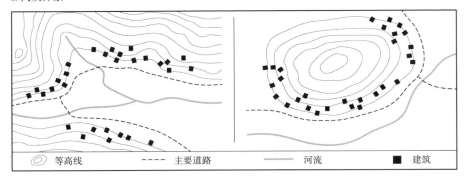

b. 同象异质

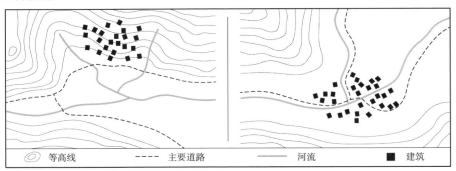

图 1-2 形态表象与成形规则——同象异质 + 同质异象

匀散点式[16]。村落斑块布局的离散度是一个通用性评价,可以用"最邻近指数"(the average nearest neighbor ratio,记作 R)这一指标进行表达,该指标实际是基于斑块平均最近距离而设定,是村落建筑点"实际平均最近距离"与"假设的随机分布模式下平均最近距离的期望值"之商,如式(1.1):

$$R = \frac{\overline{d}_{min}}{E(d_{min})} \qquad (1.1)$$

该指标可用于评价平面边界轮廓呈任何形态的村落——R 值为 1,为随机离散分布；R 值大于 1，接近均匀离散分布；R 值小于 1，则趋近集中分布。村落布局是集中连续还是分散断续，往往体现出村落内部的经济社会组织关系，具有实际意义。因此，比起简单的欧式几何形状描述，建筑分布的离散度指标更适合作为村落本体形态的分类依据。离散度分析是将村落中的建筑布点视作一个坐标点，从中抽离出面积的概念。如欲丰富村落本体的描述维度，亦可将建筑单体面积纳入村落形态的定义之中（图 1-3）。

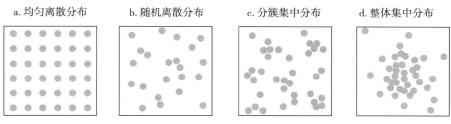

a. 均匀离散分布　　b. 随机离散分布　　c. 分簇集中分布　　d. 整体集中分布

图 1- 3　聚合分散模式类型图

再将村落回置地理空间，除了前述基于村落斑块布局离散程度视角描述定义村落形态以外，亦需通过村落斑块所处位点的环境属性来描述村落与环境基底的关系，作为村落形态分类的第二重依据。那么，应通过何种环境属性界定村落形态的差异性？我们需要认识到环境属性究竟决定了什么——它决定着在一个既定的自然环境基底内，新增建筑单元所优选的环境区位。环境区位属性表征为建筑位点与方位、地形、水源、主干交通途径等多种要素的对位或距离关系。这些关系原则决定了一个集中连续式或分散断续式村落与其周边地理环境以怎样的模式构成人居空间整体综合性形态。在这一层面，模式类型与地域性的环境要素特征相关，类型定义数量与待考量的环境关系数量相关，但并无明确的限制（图 1-4）。

总之，村落的生长实为在某种原则控制下因各种环境条件而自行塑造其特定形态的过程。基于这一思路，我们可以跳脱纯粹边界几何形态表象的迷惑，从"关系"性的视角切入，通过解析村落建物肌理布局的几何关系以及村落建物对环境基底要素的趋避关系，来对村落的"形态"进行有效的定义。

环境关系特征指向模式图示	模式区分依据			
	定基朝向	定基地形	河流关系	主干交通关系
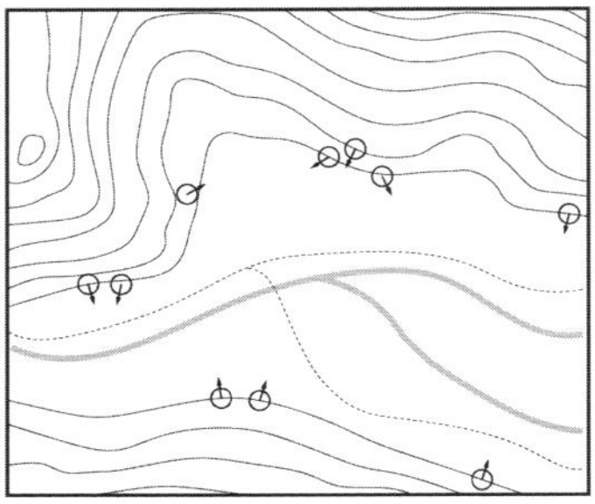	无明显固定朝向倾向	坡度偏大	回避近河地带	无明显远近关系倾向
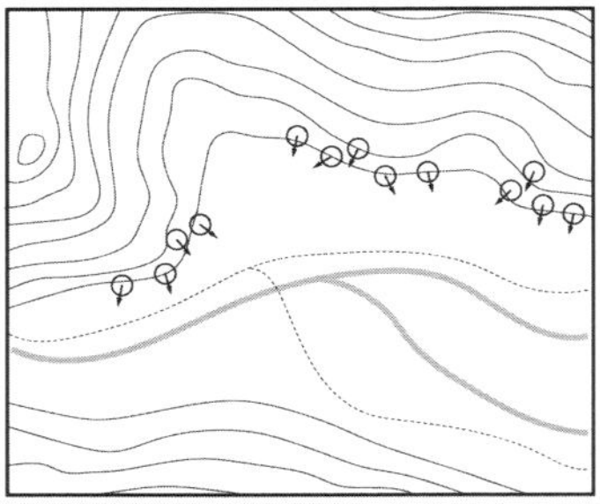	有相对明显的朝向倾向	坡度偏大	回避近河地带	回避近主路地带
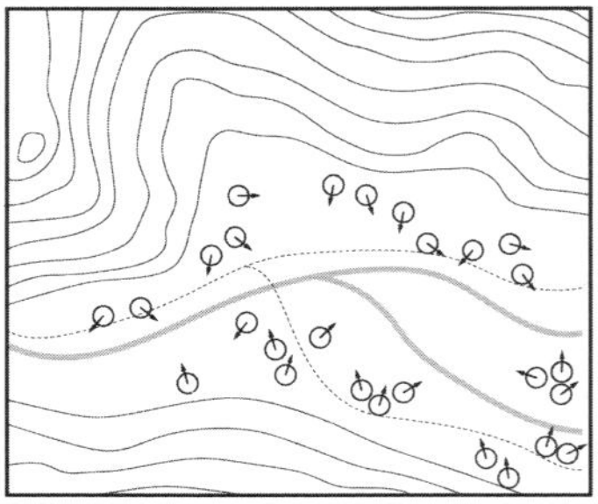	无明显固定朝向倾向	坡度较小	亲近近河地带	亲近近主路地带

图 1-4　环境指向模式类型部分示例

1.2.2　动态的形态过程定义

从动态发展的视角出发，以较低的时间分辨率观察村落生长，其生长模式可分为边缘式（edge-expansion growth），包括向外蔓延与向内填充，和飞地式（outlying growth）两类。相应的，集中连续布局村落的生长过程近似于边缘式模式，分散断续布局村落的生长近似于飞地式模式。

集中连续布局的村落一般与田地、山林之间相距较远；分散断续布局的村落中，各农户之间相距较远，每个农户都尽可能地靠近其耕种的土地以及赖以为生的山林湖泽。许多学者在这种特征差异的基础上，判断地域村落形式的原始倾向是集村或散村[17,18]，并进一步探究历史上村落形态的演化究竟是由集村向散村发展，抑或相反的过程[19-21]。我们并不意图着力于争辩村落形态模式的发展时序，而感兴趣于两种形态之间的联系。或者说，从动态的视角观察，既然村落在历史发展过程中存在着由一种布局类型过渡到另一种布局类型的现象，那么这两种类型就不存在绝对明确的边界，而可能具有相似的发展逻辑框架。

进而，我们不妨以较高的时间分辨率将中国境内一些集村与散村的历史发展过程分步还原——当然，这些村落具有相对略微详细的建设史料——可以发现两类村落均存在相似的"边缘式—飞地式"复合生长逻辑。具体而言，集村的发展过程并非单一边缘式发展，而往往是飞地式扩张与边缘式填充并行的过程，即一边以飞地式的发展来扩张集群的界域，一边以边缘式的发展来填充飞地之间的空间，直至整合成一个紧凑的团体。散村的发展亦存在两种模式复合运作的情况——一边以飞地式进行边界扩张，一边在各块飞地上通过有限的边缘式生长形成多个相对聚集的小团簇。在该逻辑下，我们可以总结出一项对于各种形式的村落均适用的动态演化过程描述法则，即村落可以看作由众多经济组团构成的集合，每个经济组团以其创始建筑为核心（也可视为村落结构中的节点性建筑），在空间上形成集聚，村落空间的生长就是小经济组团进行飞地式增值，以及各个组团进行边缘式扩张的过程。从这一观点出发，集村与散村的动态演化过程并非绝对异质，其区别仅在于飞地跳跃的距离尺度，以及边缘扩张的规模（图1-5）。

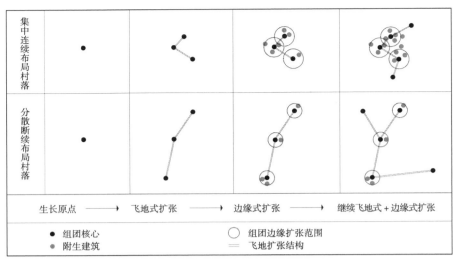

图 1-5　同理扩张模式下的不同扩张结果

1.3　村落形态控制因素的探索思路

　　解释村落的布局及其特点，阐明其动力机制，是村落历史形态演化研究的核心问题，也是空间规划的必要前提。当人们对人地关系的认识从单向的环境决定论发展到今天的人地双向复杂反馈影响时，人与环境的关系也不再是相互对峙的，而是相互作用的。其中，人不是个体化的而是组织社会化的；环境也不是纯粹的自然环境，而是兼容了可视化的人工环境、自然环境以及抽象化的社会环境的综合性概念。社会化的人类通过连续不断的实践活动，在利用与改造自然环境的过程中塑造人工环境和社会环境，或者在塑造人工环境和社会环境的过程中实现了对自然环境的利用与改造。村落作为一种生长于自然环境中的人工环境，它既反映出人类社会的组织形态，也受制于自然环境所框定的经济发展潜能，因而村落形态控制因素兼具文化组织个性与地理环境个性。

演化与复现——粤地传统客家村落时空动态模拟

1.3.1　回避控制性因素的描述误区

20 世纪 90 年代，"景观基因"的概念被提出，它被视为地域文化遗产的遗传单位，对某种文化景观的形成具有决定性的作用，成为区别于其他地域文化景观的文化因子 [22]。这一论点对于基因的定性有着积极作用，但在实际研究中，人们在基因的具体属性指向方面出现了一些认识上的问题。

首要问题是，研究实践通常将地物片段要素的静态表象进行简单的符号化处理，甚至不做任何处理，直接截取，视作"基因"。例如，建筑是方或圆、材料是夯土或青砖、彩画是青或红、墙头造型是否有个性、建筑立面是否有寓意、村落布列为带状还是环状 [23]……这些归纳结果实为地域文化基因控制下的终端空间要素成像或对要素的主观评价，而非基因本身，难以据其辨明同民系内部或不同民系之间聚居空间营造的本质联系与差异。基于这些要素或评价，或许可以用拼贴的手法复制或组装出一些整体性的形象，但由于缺乏要素间的关系性认知，所造就的结果往往与传统貌合神离。从超长时空范围内特定人群空间概念的承袭与发展视角来看，控制空间形态生长的基因应为表达空间作用关系机理的"属性"化因素，而非具体的要素或模糊化的形容词汇。换言之，基因的本质不是具象的符号，而是空间实操的指导性准则。我们根据基因，可以对一种文化意象进行模仿性再生，或基于不同的环境进行创造性再生。

另一问题是，虽然建筑与村落对应两个不同的空间尺度层面，但是研究实践常倾向于将不同尺度空间对应的不同控制性因素混为一谈。聚居空间的文化艺术属性基因主要依托于人，控制对象落点通常在微观建筑形象；自然社会环境属性基因主要依托于地域，控制对象落点通常在中观村落组织形态。因此，聚居空间的基因分析，应当分别基于"人"或"地"的不同线索，探索人居空间在不同尺度上的控制因素。

1.3.2 回避控制性因素分析的趋同化

随着村落同质化问题的出现，村落的地域性形态及其形成原理引发了研究者更深刻的思考。在新生村落形态趋同化的背后，形态研究层面是否存在因素分析的趋同化问题呢？因素分析不可绝对依赖技术，无论技术手段如何发展，关系性因素是无法通过工具自动嗅探而获得的。换言之，技术工具只能从人为框定的待检测因素集合里挑选出有效因素，但不能提供待检测的因素集合。该集合的确定需要诉诸前人的研究经验，以及研究者对于对象的认知理解。

通过梳理近年来村落研究中所收纳的形态控制因素，我们有以下几点发现[24]：

其一，村落空间形态研究中存在几种普适性因素，其应用基本不受客观研究对象特点限制，也不受主观研究方法的约束。这些因素主要包括高程、坡度、至河流或其他水源的最近距离、至村内主路的最近距离、至最近城市或城镇的距离。

其二，在针对不同时空对象的研究中，因素选择的差异程度较低。多数研究仅采用前述普适性因素，偏于依赖前人的研究经验和易获数据资源特点。其实地信息采集与挖掘工作未能深入开展，研究的经验方法指向、数据指向压倒了研究目的的指向。

其三，不同研究思路方法下，因素选择的差异较为明显：①静态—动态研究之间的差异主要表现在所选用因素的性状稳定性上——静态空间研究对较为稳定的地形因素和生态环境因素更为关注，而动态空间研究对富于变化的经济区位因素、人口因素与政策性因素的关注程度比静态研究有明显提升。在环境区位因素、社会文化因素和产业经济因素方面，两类研究的关注度较为相似；②定性研究与定量研究之间的因素选择差异并不表现在因素的可量化性上，而意外地表现在"内因—外因"之性状区分上——定性研究更加侧重挖掘村落形态发展的内因，且这种内因主要偏向于深层的社会组织关系，例如，在家族组织关系法则控制下的建筑与家族核心住区的空间关系、与祠堂的空间关系、人口迁移率等；定量研究虽然在研究数量上表现出明显的涨势和优势，但是与定性研究相比，大多仅仅完成了研究方法的置换，成为定性研究的一种数据化补充证明，在空间文脉研究深度上并未超过甚至滞后于定性研究。

从既往村落研究中所提及的空间形态控制因素的情况看，受到方法和数据的约束，因素选择的趋同化问题、浅表性问题是明显存在的，并且这种情况在量化类研究中更为突出，这为空间演化机制的研究埋下了隐患——即使通过技术手段论证出因素对空间形态的有效作用，但是它不能保证是否能尽量全面地挖掘到有一定控制作用的因素，进而不能保证所论证的驱动机制的结构完整性和地域特性。研究应该是问题与目标指向性的，不应为方法和数据所困，即便动态量化研究，亦不可就数据论数据，弱化田野和文献的考证工作，而应从地域社会背景的解析着手，推导探索尽量全面的、可能存在的形态控制因素，以待量化分析校验。

1.3.3 突破归纳性方法在空间演绎方面的瓶颈

空间操作实践中我们常常遇到一个问题：即使将所有的空间作用原理分析清楚，也很难基于各种原则通过手动方式推演出空间图景。换言之，我们可以通过归纳推理，"分析"出一个空间结果的驱动因素甚至驱动法则，但很难根据给定的环境基底和空间法则，"综合"演绎出空间结果。导致这一问题的本质在于控制性因素对空间形态的作用关系是非线性的[25]，即因素条件的提升与形态发展可能性的提升之间的关系不一定是线性的。此外，控制性因素存在一定的数量，且不同控制性因素之间的关系亦较为复杂。因此，描述并演绎多元控制要素的综合性非线性作用的工作，其复杂程度非人力所及，此亦造成了村落空间实践方法的瓶颈——不在于文化价值取向，而在于空间操作的理论与方法对历史挖掘的深度，对空间规律阐释的准确度，以及对空间实操的指导效度。

村落空间形态是一种地理现象，而地理现象的时空动态发展过程往往比其最终形成的空间格局更重要[26]。从这一观点出发，村落形态规律研究需要面向时空动态系统，走向时空演化。只有把时间及空间这两大范畴纳入某种统一的基础中，才能真正理解藏匿于过程中的本质规律[27]。另一方面，这一时空动态系统又是一种开放的、非均衡的、非线性的复杂系统，其复杂性体现在多层次微观子系统之间的动态协同作用，这种作用是形成宏观空间格局的主要动力形式。因此，村落空间形态规律必可体现出该系统的"时空不可分割性"和"自下而上多维要素互动作用的复杂性"，村落空间演绎工具不仅需要从定性向定量发展，还需要从静态向动态系统迈进，在研究中把握时空双重维度，使空间演绎工具的数理结构的复杂度与动态交互的村落空间形态过程的复杂度相匹配。

参考文献

[1] 萧公权.中国乡村——论19世纪的帝国控制[M].张皓，张升，译.台北：联经出版事业股份有限公司，2014.

[2] 傅衣凌.明清农村社会经济·明清社会经济变迁论[M].北京：中华书局，2007.

[3] 赵冈.中国城市发展史论集[M].北京：新星出版社，2006.

[4] 赵冈，陈钟毅.中国土地制度史[M].北京：新星出版社，2006.

[5] 费孝通.江村经济——中国农民的生活[M].北京：商务印书馆，2002.

[6] 乌丙安，孙庆忠.农业文化研究与农业文化遗产保护——乌丙安教授访谈录[J].中国农业大学学报（社会科学版），2012,29(1)：28-44.

[7] 严文明.中国新石器时代聚落形态的考察：庆祝苏秉琦考古五十五年论文集[C].北京：文物出版社，1989.

[8] 巩启明，严文明.从姜寨早期村落布局探讨其居民的社会组织结构[J].考古与文物，1981(1)：63-71.

[9] 刘海旺.中原地区汉代聚落试探[J].中原文物，2016,191(5)：31-37+47.

[10] 林晓丹.黄河沿岸风土聚落空间形态的"理想图式"——以解家村的人类学调查个案为例[J].建筑学报，2022,648(11)：96-103.

[11] Long H., Zou J., Pykett J., et al. Analysis of rural transformation development in China since the turn of the new millennium[J]. Applied Geography, 2011,31(3)：1094-1105.

[12] 范建红，倪红.广州小洲村聚落景观的有机演变及特征[J].建筑学报，2012(S1)：177-181.

[13] Long H. Liu Y. Wu X. et al. Spatio-temporal dynamic patterns of farmland and rural settlements in Su-Xi-Chang region：implications for building a new countryside in coastal China.[J]. Land Use Policy, 2009,26(2)：322-333.

[14] 向远林，曹明明，翟洲燕，等.陕西窑洞传统乡村聚落景观基因组图谱构建及特征分析[J].人文地理，2019,34(06)：82-90.

[15] 鲁西奇.散村与集村：传统中国的乡村聚落形态及其演变 [J]. 华中师范大学学报（人文社会科学版），2013,52(4)：113–130.

[16] Yang R., Xu Q., Long H. Spatial distribution characteristics and optimized reconstruction analysis of China's rural settlements during the process of rapid urbanization[J]. Journal of Rural Studies，2016,47(5)：413–424.

[17] 阿·德芒戎.人文地理学问题 [M]. 北京：商务印书馆，2011.

[18] 王庆成.晚清华北乡村：历史与规模 [J]. 历史研究，2007,306(2)：78–87.

[19] 黄忠怀.明清华北平原村落的裂变分化与密集化过程 [J]. 清史研究，2005,58(2)：21–31.

[20] 陈春声,肖文评.聚落形态与社会转型：明清之际韩江流域地方动乱之历史影响 [J]. 史学月刊，2011,364(2)：55–68.

[21] Carlos E. C., Jeffrey R. P. Geoarchaeology of an Aztec Dispersed Village on the Texcoco Piedmont of Central Mexico[J]. Geoarchaeology，1997,12(3)：177–210.

[22] 刘沛林,刘春腊,邓运员,等.中国传统聚落景观区划及景观基因识别要素研究[J]. 地理学报，2010,65(12)：1496–1506.

[23] 刘沛林,刘春腊,邓运员,等.客家传统聚落景观基因识别及其地学视角的解析[J]. 人文地理，2009,24(06)：40–43.

[24] 杨希,魏琪力,杜春蕾,等.近十年我国村落形态驱动因子的共性与分异性研究 [J]. 规划师，2019,35(18)：19–25.

[25] Yang X., Pu F. Spatial Cognitive Modeling of the Site Selection for Traditional Rural Settlements：A Case Study of Kengzi Village，Southern China[J]. Journal of Urban Planning and Development，2020,146(4)：5020026.

[26] 黎夏,叶嘉安,刘小平,等.地理模拟系统：元胞自动机与空间智能 [M]. 北京：科学出版社，2020.

[27] 周成虎,孙战利,谢一春.地理元胞自动机研究 [M]. 北京：科学出版社，2000.

第二章
机器学习与村落
历史研究的交集

2.1 历史研究的目的与需求

我们先从中国村落的特点讲起。

在中国，"乡村"在自然结构、社会结构、制度形式以及人类随时间演进对外部空间的塑造过程等方面，其特征与"城市"几乎是对立的。"乡村"和"城市"之间的概念界限在中国比其在大多数发达国家要清晰得多，这主要源于中国城乡二元的土地和户籍制度[1, 2]。制度的成型具有历史性原因，我们对其不予置评。从客观影响结果来看，这种制度对城乡互动形成了一定的阻碍，抑制了逆城市化过程。在一些发达国家，城市和乡村在社会背景、社会问题和社会身份方面已经取得很大程度的融合，在亚洲一些经济发展起步较早且速度较快的国家，如日本、韩国，乡村与城市的差距只是明显体现在经济规模和收入层面，在生活方式和思想意识上，我们只能看到差别而不是差距，因为支撑其生活运转的基础设施、社会组织、文化系统等方面在城乡之间并不存在绝对的优劣区别。人口与资源的流动并无阻碍，既可见乡人因向往城市的繁华而趋之若鹜，亦不乏倦于城市嘈杂环境者带着个人事业回归田园，城市和乡村只是各自依托相应的经济模式构筑起相应的文明形式而已[3]。然而，中国的乡村和城市不仅在地理位置和经济模式上有所不同，在社会组织、人地关系以及道德价值观等方面也有着鲜明的差异[4, 5]。再进一步，中国不同地域的乡村亦展现出迥异的自然地理风貌和空间结构组织，北方农村与南方农村不同，高原村落与丘陵谷地村落不同，沿海村落与内陆村落又不同……事情变得异常复杂，在这背后累积着中国的自然地理差异与中国区域社会历史发展差异所塑造的地域组织差异。这些复杂的特点及地域差异恰恰是传统村落历史研究的重要认知对象。

我们再走向村落实践。

中国许多传统村落拥有精美的建筑遗产，其历史可以追溯到明清时期，甚至宋代。此外，这些偏远的传统村落依靠农业经济和有限的国家补贴，负责维持良好的生态环境，保障国家粮食安全。对于那些重视文化和自然遗产的村庄来说，不仅历史建筑和地域特色很重要，传统的劳动密集型农业生产方式也并非完全不合时宜，有时反而值得保护。在这种背景下，环境友好型第三产业被引入这些地区，以充分利用其文化资源，激活当地经济[6]。在这一背景下，传统村落空间策划需要的不是一刀切的规划，而是在文化基底上响应时代人居生活模式的微妙变化，进行适当的空间保护和适当的调整与开发，以维系非可再生性的地域历史文脉资源。换言之，我们需要了解的是一种与人地关系相匹配的空间形态演化模式，而不是形态自体。许多长于城市空间管理的规划师和设计师，在面对传统村落的空间实践时不免犹豫不决、难以着手，似乎在这里一切规划原理都表现失灵，每个村子都成为特征孤例，需要一村一计。历史上的乡村聚落是在没有任何设计干预的情况下自然地、相对缓慢地发展生成的，设计师和规划师在遇到一些问题时常难以决断，例如：①判断：哪些区块发展是相对合理的，以便重点保护和优化；相较之下，哪些区块的发展过程不合理，需要根据具体情况予以重建或拆除；②推演：如果在村落内新增功能性空间，以呼应发展第三产业或城市移民等需求，那么如何设计规划，以使新增元素协调融入历史空间结构中？

历史研究与现实实践需求不可脱节。历史研究的目的除了基本的历史认知之外，还需要利用历史研究所得为现实实践需求服务。简言之，历史研究需要提炼历史规律，并基于历史规律指导实践。

明确目标之后，我们发现，历史研究目标中隐藏着两个重要的问题，往往容易被忽略，或者被刻意掩饰，而这两个问题正是从历史研究走向空间实践的关键瓶颈问题。

第一个问题是，无论采用何种方法，我们所提炼的历史规律应当表达复杂因素对空间的综合性作用，并且这种规律必须可被理解，因为我们需要将对未来的预期建立在一个可靠的理由之上，而不能依赖一项看起来结果不错但原理不明的猜想。

第二个问题是，从原理过渡到实操，不是要素的堆砌，我们需要借助合适的手段或工具，将复杂的历史规律有效转化为有组织的空间演绎。

综合起来看，我们实际回到了第一章结尾部分提出的问题，并将其具体化：

历史研究目的背后的关键核心问题在于，如何以一种可被理解的逻辑规律来"描述"并通过有效的工具"演绎"多元控制要素对空间的综合性非线性作用。

2.2 机器学习及其在生活中的应用

机器学习是使用计算机去学习和模拟现实世界。

计算机本身具有强大的计算和信息处理能力，当机器学习的概念被提出时，意味着计算机领域的一种野心：使计算机具有生物系统的智能，以完成目标识别、环境感知，并可根据复杂条件完成决策[7]。

模式识别是机器学习所研究的核心内容，识别过程可以用一个循环重复的步骤来说明（图2-1）。

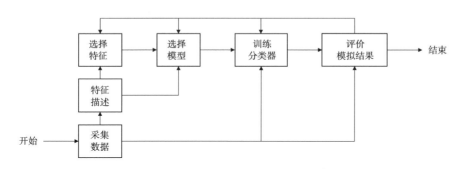

图 2-1 模式识别流程

采集数据是最起始的环节，数据本体亦用于训练分类器，并用于评价模拟结果的准确性，从而决定是否对特征向量、模型本体或分类器进行调整。

特征的提炼与模型的选择体现了模式识别中人工判断的重要价值。我们对于数据特征的描述体现了个人的先验知识，决定了模型以及模型中特征向量的选择。

演化与复现——粤地传统客家村落时空动态模拟

对于模型的选择差异是不同模式识别方法的主要区别之处，即算法模型差异。算法模型本身对于特征向量的选择不构成影响。

机器学习能做什么？简言之，机器学习是从数据中发现世界运行的基本规律，并基于学习到的规律对现实世界进行模拟。它并不是一个高高在上的工具，随着课题研究从领域导向转向问题导向，没有什么现实问题足够单纯，仅通过单一学科的知识便可解决。学科之间的互融、"拿来"与"对话"显得更为普遍。

机器学习的目标成果就是一个关系处理器。

举一个最简单的例子，机器学习之前，我们有三个数据集，分别是 $X=\{x_1, x_2, x_3 \cdots\cdots x_n\}$、$Y=\{y_1, y_2, y_3 \cdots\cdots y_n\}$、$Z=\{z_1, z_2, z_3 \cdots\cdots z_n\}$，其中数据集 X、Y 表示对象的特征性质描述，Z 表示对象的归类决策值，我们根据事物认知经验，预设一个关系：$z_i=f(x_i, y_i)$，即通过输入对象的特征性质描述，输出获取对象的类属。机器学习首先需根据事物认知经验，预设一个具体的关系算法。比如逻辑回归（Logistic Regression）算法模型 $z=1/(1+e^{-(ax+by)})$，通过数据集 X、Y、Z 来训练关系算法模型，获取模型中的参数 a、b，即得到从输入到输出的完整关系模型。然后利用该模型根据给定的事物特征 x 和 y，推演出事物的决策值。当然，这只是一个简单模型的例子，模型曲线在中点附近变化较快，可以在此设置决策值的判别阈值（图 2-2）。逻辑回归模型的本质是表达不同特征的线性加权和，虽然经指数变化处理，模型曲线成 S 形展现，仍不能改变其线性本质，难以解决现实生活中大量的非线性问题。现实中所应用的算法模型或许比逻辑回归模型要复杂得多。

例如，人脸识别问题。我们在一些视频网站上看影视剧，可以选择只看某个人物出现的段落，以及我们在手机上登录某些重要的隐私性操作平台时，会按照要求刷脸验证身份。这些生活事件所依赖的人脸识别技术的基础便是机器学习。人脸识别机器的输入端是一系列人脸特征因子组成的多维特征向量，输出端为匹配度数值，并基于匹配度容许阈值输出是否为某人的判断。目前人脸识别器所内含的算法多为人工神经网络（artificial neural network，ANN）模型（或许是深度人工神经网络模型），这个模型也是打败世界围棋冠军的 AlphaGo 所内嵌

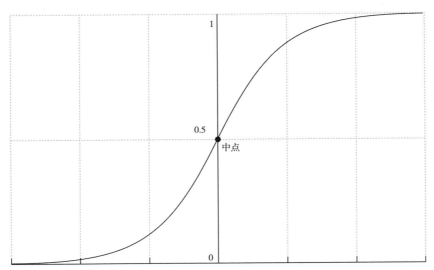

图2-2　逻辑回归模型曲线

程序采用的核心算法。虽然这个算法实际并不像它的名字所体现的那么高深，只不过是通过简单函数在相邻层之间两两链接起来的多层节点结构模型，输入为特征，输出为判断，通过反向传播算法获取各条链接的权重，从而确定模型（图2-3）。模型结构模式是确定的，从前一层推导后一层某节点的数值的函数也是较为简单的，通常是将指向后层节点的前层节点值先进行线性加权求和，再对和进行一次非线性变换，例如常用的 $f(x_1, x_2, \cdots, x_n) = e^{w_0 + x_1 w_1 + x_2 w_2 + \cdots x_n w_n}$，模型系数的训练计算方法也是确定的（反向传播算法）。只有模型的层数、各层节点数、节点之间有无链接是需要人工调整的；有意思的是，这方面参数的调整不需要对研究对象做任何理解，只需要根据输出结果呈现，不断进行试错收敛。

在此关于人工神经网络算法的具体流程不做详解，只是借其简单说明一下该算法的流行所体现出的算法界的主流探索方向及其背后的支撑。虽然机器学习抱着模拟或超越生物智能的野心，但是在实际算法性质探索上并不执着于拟人或理解人的思维逻辑，而是就机器自身的数学计算能力优势，比如统计能力、迭代运

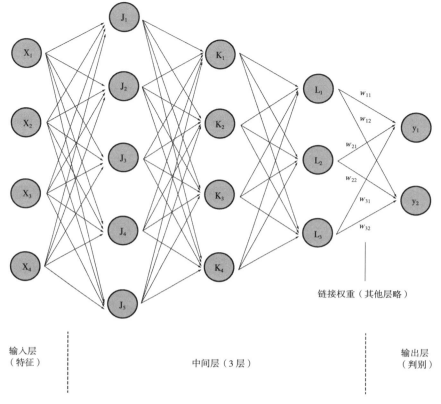

图 2-3　一个人工神经网络（5 层）

算能力等，设计结构组织规模庞大但局部链接关系简单的巨系统。这一巨系统的组织逻辑与自然社会结构逻辑可以有一定程度的相似性，也可以毫无关联。其中，人工神经网络在近年的研究应用具有上升的趋势，但这并不意味着它比逻辑回归更高级或优越，只不过是随着技术的发展，人们较以往拥有足够大的数据集合以训练模型，并且计算机具有足够强的运算能力以在可接受的时间范围内处理完所有数据的运算，从而形成两方面重要的前提条件，支撑人工神经网络系统结论的准确度和可信度。

2.3　机器学习在村落研究中的工作目的

对应村落历史研究的目的背后的问题瓶颈，机器学习可以在两个重要方面提供有效帮助：一是学习并提取村落历史形态发展规律，二是通过模型演绎多维空间特征对村落形态发展的复杂性作用。

2.3.1　让机器去学习

"让机器去学习"便是从空间数据中提取一系列特征数据，利用机器学习来快速准确地训练出从"特征"到"归类"之间的关系模型，通过函数模型或参数化的算法模型进行表达。

在地理空间研究中，通常根据空间分辨率，选择合适的地理特征来描述特定地物的地理关系特点。例如，在跨区域研究中，通常选择人口数量、GDP、年均降水量等特征；而在针对较小尺度的某个特定村落的研究中，前述特征便没有任何区分度，需要更多地关注与某地理要素（如河流、道路）的距离关系、房地面积比例、建筑间距等可以体现百米以下微小尺度区块之间关系的特征。而后，基于所选特征来训练模型，得到由空间特征到区块类属的推演规律。这些规律具体可以表现为通过模型分析得出的训练数据特点指征（例如概率分布模型的均值、方差等），也可以表现为模型参数（例如逻辑回归模型中的权重参数、随机森林模型中的最大特征数目和叶子结点的最小样本数等）。

谈到这里不难发现，如欲通过机器学习来辅助我们对事物的认知理解，挖掘数据特征、展现作用机理，就要保证模型参数（即使不是全部，也要保证至少一些参数）是具有实际物理意义的。如果说一般意义的机器学习要根据数据特征选择合适的模型，那么村落历史规律研究所应用的机器学习过程，还需要基于大体的数据关系逻辑和研究目的来筛选作用结构相似的模型。这就好比如果我们要根据天气、心情、同行者等条件来对出行目的地进行选择，那么合适的模型自然是决策树；如果要根据病人的各种病状迅速决定治疗的方向，那么案例推理模型应该最为可信且合理、高效。

2.3.2 让机器去演绎

如上所述，合适的模型选择不仅影响到目的一——规律认知，也直接影响着目的二——空间演绎及其结果的可靠性。

"让机器去演绎"是基于学习到的规律，通过机器根据给定的特征输入进行类属判别输出的过程。在地理空间研究中，我们基于学习阶段的模型结果，将地理空间特征数据作为输入，得到各空间点位作为村落斑块发展的可能性判别。如果这一过程循环迭代，我们便可以借助机器来模拟推演出具有时间维度的空间变化过程。

在模型界有一种说法：一个正确的模型一开始可能还不如一个精雕细琢过的错误模型准确；同时，正确的模型也可能受到噪声的干扰而显得不准确 [8]。所谓"精雕细琢"的错误模型，便是不管模型原理是否与数据关系贴合，直接利用极大数据来训练一个随机拿来的模型。在大数定理影响下，模型的模拟结果可能与训练样本对应的实际结果高度拟合。然而，这样的模型在针对其他样本进行模拟演绎时，可能得出肉眼可辨的离谱误差，且无法通过简单的调参操作来校正。这便是错误模型在泛化能力上的固有缺陷。我们如果通过模型进行村落历史研究，终极目标是要根据探索出的历史规律进行空间规划设计、延续历史文脉，如果规律模型只适用于特定时间段的特定地点，不可在一定程度泛化，那么研究本身也就失去了实际意义。

2.3.3 机器不可取代先期人工推理

有时候，模型选择是贴合数据实际关系结构的，并且有效地去除了数据噪声，但还是无法进行有效模拟。如果出现这种情况，就有可能是特征选择所导致的。

10 年前，一位计算机工程师兴奋地对我说："我们将开启大数据时代，不用推理，不需要知识，只要有足够的数据，就能通过机器学习得到一个不错的结果。"这的确是令人心动的时代。基于大数据的机器学习，成为人类探索茫茫未知领域的有效切入口，或者说它可能加快了我们接近正确答案的速度。然而，知识在哪里？很遗憾，大数据不能够解释那个答案是否绝对可靠，或者由于干扰性数据过多或样本数据选择错误，基于大数据的决策走向了某种歧途。在这里，我们不禁要发问："在做某事之前，我们难道对其一无所知吗？"大多数情况下答案是否定的。我们或多或少具有针对某问题的知识储备，如果利用好这些知识和数据，机器学习可以成为我们提高试错效率的工具；反之，大数据可能成为彻底改变人类认知结构的恶棍——大数据的问题恰恰在于，在洪流般的信息背后，缺少哲学意义上的管控[9]。

一个例子可以说明这个问题。如果我们找一位机器人医生看病，这个机器人用深度人工神经网络算法或其他更高级的智能算法学习了数亿份病例及相应的治疗方案，那么，当你选择病情特征条目输入机器后，所弹出的诊断和治疗方案究竟有多大的可信度呢？如果可选择的条目不能够完全说明你的所有体征情况，如果机器没有提供各特征表现的强烈程度选项，如果……以上所述并不否认机器会基于学习经验给出一个较为靠谱的方案，但一旦某个关键的问题在训练数据库以外，或者没有得到准确的特征诠释，其所得结果很可能与正途南辕北辙。

因此，机器不可完全取代人力推理。

在传统村落研究中亦如此。机器学习不能帮助我们自动地获取空间发展的影响因素（也即空间特征选项），它只能辅助判断所选定的特征对模拟结果的影响强度。如果一味强调机器学习本体，而忽视传统的田野调查、文献调研、人力推理，无疑是将量化研究建立在不稳定、不可靠的基础之上。机器学习桥接着历史先验认知与现实决策操作，在此过程中，它帮助人们挖掘间接知识，处理复杂系统计算。而人类在机器面前不可替代的重要作用是，给予机器正确的学习对象和学习方向。

2.4 可用于村落历史形态过程特征探究的机器学习模型特点

机器学习工具在村落研究中的应用可谓寥寥，究其原因，在于模型本身目前存在一定的应用局限。

首先，算法模型是机器学习的重要载体。随着数学计算和计算机技术的发展，应用于机器学习的新算法层出不穷，算法也成为划分机器学习种类的一项重要依据[10]。目前应用于地理空间研究的算法大致可以分为两类：第一类是基于分析的算法（包括逻辑回归[11]、多准则评价[12]、决策树[13]、马尔可夫链[14]、贝叶斯网络[15]等）。研究者应用这些算法构建具有足够物理解释力的空间规则框架，并使用历史数据训练该框架，以找到产生最佳空间拟合结果的模型的最佳参数值集[16]。第二类为基于数据的算法（包括人工神经网络[17]、蚁群优化[18]、支持向量机算法[19, 20]、遗传算法[21]等）。这些算法绕过空间理论分析，直接从历史数据中自动挖掘规则或检索参数值。换句话说，前一种方法建立了一个与现实世界原理相似的功能框架，并根据真实数据估计参数。后者本质上是复杂的黑盒模型，如果训练数据足够大且准确，便可以精确地将输入映射到输出，但对变量之于空间过程的相对影响提供的解释性见解非常有限[22]。目前有相关研究讨论黑盒模型的可解释性问题，不过给出的结论基本是通过训练一个可解释的代理模型（通常是线性模型或决策树模型这种简单模型），基于代理模型的参数来解释黑盒模型[23]。通过对不同算法的比较研究，我们可以发现：基于数据的算法或许更有能力创建精确的输出，但我们难以理解算法模型参数，即无法根据无实际物理意义的模型参数估计每个特征对模型预测结果的重要性，也不能据其理解不同特征之间的相互作用关系，因此我们不能确切地判断它是否为"正确"的算法而具有足够的泛化能力，也不允许我们通过改变规则进行"假设"实验；基于分析的算法具有更强的解释力，但其中某些算法由于其线性性质或过于简单的判别结构，使模型在处理数据内在复杂性关系时较为乏力[24, 25]。简单地说，前者的优点就是后者的缺点，反之亦然。

所以，用于地理空间形态过程探究的机器学习，其所嵌入的算法需要在模型的准确性和模型的解释力之间寻求平衡。历史空间研究中机器学习的目的不仅需要给出较为准确的演绎结果，更重要的是需要给出通往这一结果的过程逻辑规律，这一逻辑规律可以通过模型参数的手动调整，使模型适用于不同类型的空间的模拟，从而比较挖掘不同村落间的相似与差异，赋予模型灵活性和可分析性。

其次，与大多数模型算法的局限性相关。机器学习中可使用的大多数算法需要基于足够"大"的数据才能取得可靠的模拟结果。大数据的获取之于城市空间不是问题，之于村落便很成问题。在村落模拟时，数据量往往不够"大"，使得直接简单地从数据中挖掘规律的思路成为死局，基于数据的算法难有用武之地。基于分析的算法具有相对的适用性，但是是否可用还需满足条件，即可以通过不算很"大"的数据训练出较为有效的模型，且具有较好的模拟效果。

最后，机器学习在模型结构设计方面需要适应村落空间生长模式。不同于城市用地与自然地理格局斑块的演化规律观测尺度，村落的时空规律应从反映空间阵列、连通性及其相互作用的微观尺度进行观察。在微观尺度上，我们可以观察到建筑物的单个斑块，而不是连续的土地斑块。村落建筑在空间分布上比城市建筑要分散得多，且空间生长模式不一定是恒定不变的，这就增加了模拟的难度。虽然目前城市空间研究应用的多数模型可以较好地模拟边缘式蔓延增长，但对土地蛙跳式的发展过程难以有效地展现。刘小平等学者基于景观扩张指数（landscape expansion index，LEI）进行空间发展模式分类，利用案例推理算法构建动态模型，尝试对城市空间进行"飞地式—边缘式"多模式空间拓展的模拟[26]。但该方法并不适用于村落研究。首先，该模型设计基于LEI，但LEI被证实在空间发展分类上存在误判风险，并不是一种严谨的分类方法。其次，该模型嵌入案例推理算法，该算法属于类推式人工智能算法，它根据给定条件猜测出的决策的可靠度取决于条件与已知案例库中案例的相似度，该模型并不善于基于新情况进行决策推导。并且，在该模型中没有需要学习的参数，因此在模块级别上没有可解释性。此外，该模型的本质是对非线性特征空间的局部采用线性近似，并构建相似度的度量，属于一种局部模型，而非全局模型，无全局权重或结构不具有全局级别的可解释性。虽然这类模型可能展现出较好的模拟效果，但是并不能给我们带来辅助空间决策的知识。所以，用于村落空间形态过程探究的机器学习，需要可以在算法层面及模型架构层面进行优化，使之适配村落多种生长模式的表达，并可以进行模式间的切换。

综上分析，我们可以为应用于传统村落时空演化研究的模型提出以下几点重要约束：

算法模型层面：①可理解性、可分析性；②准确性——基于中小数据得出较好拟合效果。

模拟流程层面：实现不同空间生长模式的自动切换。

参考文献

[1] Dymitrow M., Biegańska J., Grzelak-Kostulska E. Deprivation and the Rural-Urban Trap[J]. Tijdschrift voor economische en sociale geografie, 2018,109(1): 87–108.

[2] Woods M. Rural geography: blurring boundaries and making connections[J]. Progress in Human Geography, 2009,33(6): 849–858.

[3] 杨希. 日本乡村振兴中价值观层面的突破：以能登里山里海地区为例 [J]. 国际城市规划, 2016,31(5): 115–120.

[4] Cloke P. Conceptualizing Rurality[M]//Cloke P., Marsden T., Mooney P., Handbook of Rural Studies. London: Sage, 2006: 18–28.

[5] Halfacree K. Rural Space: Constructing a Three-Ford Architecture[M]//Cloke P., Marsden T., Mooney P., Handbook of Rural Studies. London: Sage, 2006: 44–62.

[6] Sharpley R. Rural tourism and the challenge of tourism diversification: the case of Cyprus[J]. Tourism Management, 2002,23(3): 233–244.

[7] 理查德·O. 杜达，皮特·E. 哈特，大卫·G. 斯托克. 模式分类 [M]. 李宏东，姚天翔，译. 北京：机械工业出版社, 2003.

[8] 吴军. 数学之美 [M]. 北京：人民邮电出版社, 2020.

[9] Boyd D., Crawford K. Critical Questions for Big Data[J]. Information Communication & Society, 2012,15(5): 662–679.

[10] Santél., García A. M., Miranda D., et al. Cellular automata models for the simulation of real-world urban processes: A review and analysis[J]. Landscape and Urban Planning, 2010,96(2): 108–122.

[11] Wu F. SimLand: a prototype to simulate land conversion through the integrated GIS and CA with AHP-derived transition rules[J]. International Journal of Geographical Information Science, 1998,12(1): 63–82.

[12] Wu F., Webster C. J. Simulation of land development through the integration of cellular automata and multicriteria evaluation[J]. Environment and Planning B: Urban Analytics and City Science, 1998,25(2): 103–126.

[13] 柯新利，边馥苓. 基于 C5.0 决策树算法的元胞自动机土地利用变化模拟模型 [J]. 长江流域资源与环境, 2010(04): 403–408.

[14] Zheng H., Shen G., Wang H., et al. Simulating land use change in urban renewal areas: A case study in Hong Kong[J]. Habitat International, 2015,46(2): 23–34.

[15] 黎斌，何建华，屈赛，等. 基于贝叶斯网络的城市生态红线划定方法 [J]. 生态学报,

2018,38(03): 800–811.

[16] Yeh G., Li X. Simulation of development alternatives using neural networks, cellular automata, and GIS for urban planning[J]. Photogrammetric Engineering & Remote Sensing, 2003,69(9): 1043–1052.

[17] Li X., Yeh. G. Calibration of cellular automata by using neural networks for the simulation of complex urban systems[J]. Environment and Planning A, 2001,33(8): 1445–1462.

[18] Liu X., Li X., Liu L., et al. A bottom–up approach to discover transition rules of cellular automata using ant intelligence[J]. International Journal of Geographical Information Science, 2008,22(11–12): 1247–1269.

[19] Liu X., Li X., Shi X., et al. Simulating complex urban development using kernel–based non–linear cellular automata[J]. Ecological Modelling, 2008,211(1): 169–181.

[20] Yang Q., Li X., Shi X.. Cellular automata for simulating land use changes based on support vector machines[J]. Computers & Geosciences, 2008,34(6): 592–602.

[21] Jenerette G. D., Wu J. Analysis and simulation of land–use change in the central Arizona–Phoenix region, USA[J]. Landscape Ecology, 2001,16(7): 611–626.

[22] Olden J. D., Jackson D. A. Illuminating the "black box": a randomization approach for understanding variable contributions in artificial neural networks[J]. Ecological Modelling, 2002,154(1–2): 135–150.

[23] Molnar C. Interpretable Machine Learning: A Guide for Making Black Box Models Explainable[M/OL]. Lean Publishing, 2019 [2019–10–01]. https://christophm.github.io/interpretable–ml–book/.

[24] Süha B., Anıl A., Keith C. C. Cellular automata modeling approaches to forecast urban growth for adana, Turkey: A comparative approach[J]. Landscape and Urban Planning, 2016,153(9): 11–27.

[25] Lagarias A. Urban sprawl simulation linking macro–scale processes to micro–dynamics through cellular automata, an application in Thessaloniki, Greece[J]. Applied Geography, 2012,34(5): 146–160.

[26] Liu X., Ma L., Li X., et al. Simulating urban growth by integrating landscape expansion index (LEI) and cellular automata[J]. International Journal of Geographical Information Science, 2014,28(1): 148–163.

第三章

基于机器学习的村落演化规律探究方法

3.1 时空过程数据复建

　　探究传统村落历史形态演化规律，前提是要掌握村落时空过程的数据资料。如无数据，村落研究无异于无米之炊。对于机器学习而言，数据自是学习的对象；对于机器学习方式的设计者而言，只有基于数据观察，对时空过程的发展特点具有一定的认知，才能选择契合数据关系特点的"输入特征"和"模型"，进而推动后续量化研究向着可靠的方向发展。

　　如何还原历史空间的动态过程并解析其基本特征？这个问题的先导工作即为历史数据的采集与整理，辨伪、处理、整合各类图像文字，还原村落一系列历史切片的空间形态，在此基础之上，辨析空间生长的基本模式特征。受限于中国村落历史资料（尤其是图像资料）的量与质问题，目前该项工作在既往村落研究中的完成度并不高。如何整合利用多种史料与当前的地理图像，复建历史空间过程，是亟待深入探讨的问题。

　　中国传统村落形态研究可利用的图像资料主要有三类：其一，民国以前历朝的图经或地方志内的村图（舆图），这类图像绘制方法类似于将远近法的传统山水画进行平面拉伸展开，大概可指示重要地物的有无、相对空间方位关系，精确度不高，没有度量性，基本停留在地理关系的示意层面。其二，晚清至民国时期，外来者（传教士或军事侵略者）针对中国不同地域的乡村展开过大量调查，收集了高质量的空间影像，制作出具有现代测量学方法意义的地图，其所采用的绘图法则与今图无明显差异，只是限于调查技术手段，图像的坐标控制准确度略有缺陷，经图像配准处理后可较准确地展现时代空间特点。其三，通过现代测绘工作获取的村落地图或遥感影像，参考国际历史卫星影像数据库，大概较早的图像可追溯至 20 世纪 50 年代。从以上可掌握的资料来看，历史空间过程（尤其是民国以前）的复建可直接利用的有效历史图像资料较为稀少，但众学者通过综合利用各种非图像化的数据资料，采用多种计算处理方法，为历史空间关系的复建提供了一些方案。综合来看，这些方案可以基于不同的研究目标而归纳为两种思路。

第一种思路是以历史形态本体为终极研究目标，这类研究是在历史辅助数据不足的情况下遵循（或预设）大致可能的规律，从现时形态推测历史断面的形态，所得历史形态属于一种相对合理的猜想，与现实的吻合性没有确切的实证。这种研究思路起源于国际地理学领域对历史上较大尺度区域内地表覆被斑块（如森林、耕地、草地等）的演变过程研究，研究的空间范围通常达到区域尺度甚至全球尺度[1, 2]。近年来，这种研究思路在我国已开始渗透到村落系统尺度上的形态复建研究之中。如郭晓东、牛叔文等学者针对甘肃省秦安县，参考地方志书中记录的历代人口村庄数量，假设人口数量的变化关系与村落规模数量的变化线性同步，设计数学模型，基于当代卫星影像进行回溯推导，对研究区域内村落的规模与数量在1838年至2004年的演变过程进行了复建[3]。又如林忆南、金晓斌等学者运用相似的思路方法，针对1820年的江苏省，根据历史人口数据来确定特定历史切片内的村落空间面积，完成数量复建，在此基础上进一步借助现代居住适宜性评价模型在空间中定位村庄、分配村落面积，完成空间复建[4]。综观之，以形态本体为目标的历史村落空间复建工作在我国尚处于起步阶段，该研究对于复原完全未知的历史空间具有较高的价值。从细节上看，其研究方法主要是基于地方志书可提供的宏观人口数据，采取从数量复建到空间复建的推演步骤。在这种空间复建过程中，研究者往往因历史资料所限，不得不以一系列假设条件较大程度地化简历史的复杂性，使空间复建成果成为一种尽量合理的猜想而非准确的复原，主要发挥历史空间演变趋势的示意作用。

第二种思路是以历史时空规律为终极研究目标，为达到该目标则需要追求所复建形态或布点位置的真实性与准确性。相关研究者利用现时地理数据并结合各历史断面的多种数据资料，在区域尺度上较为严谨地还原各历史阶段的村落布点形态。此类研究所利用的参考资料不仅仅限于官方历史文献，通常还涉及大量的田野调查数据和民间文献。例如，孙莹和肖大威等学者综合采用历史时间断面法、历史文献分析法和田野调查法，对广东梅州市内传统客家村落从唐初至清末5个历史断面的布点数量、位置与规模进行复建[5]。此外，龚胜生等学者也采用类似的思路和数据调查处理方法，以山西303个传统村落为研究对象，查实诸村落的肇始、鼎盛和转型时间，在当代传统村落分布地图的基础上，完成先秦至清代 8 个历史断面的村落布点复建[6]。上述相对准确的空间复建研究通常会继以时空演化规律分析。

总体来看，传统村落历史空间的复建工作已经引起乡村规划领域研究者的重视，既往相关工作的研究尺度较为宏观：在空间尺度方面，主要针对市辖或省辖区域内的村落系统展开工作，研究对象为村落布点和规模，意在研究乡村系统整体空间开发界域的发展或萎缩趋势，尚未深入至村域尺度复建聚落空间形态的变迁；在时间尺度方面，主要倾向于对千年以上时长的空间变迁展开研究，时间断面间隔往往长达数百年，时间分辨率偏低，而对影响当代乡村文化根脉的近几百年时间范围内的空间发展尚未深入挖掘。

参考以上历史形态复建思路，我们针对村域尺度空间的复建要进行更细致的调查与操作——拓展参考资料源，根据村落现状测绘图、历史地图、历史卫星影像和从民间资料中挖掘出的民居建设时间信息，复原各历史断面的村落空间形态以及村落所处地重要环境要素的布局形态，完成整体空间地理信息的录入与校正，获取历史空间分时数据集。

具体操作步骤为：①通过田野调查、文献调研，搜集整理村落空间发展相关资料，包括史籍、历史影像、历史地图、现代测绘图和高清遥感影像图，随着形态研究对象向具体化、微观化发展，所调查利用的历史资料从官方史料（如县志、村志）拓展到民间资料（如族谱、地契、口述史），所利用的地图资料从省图拓展到村图，相应的比例尺从 1:5000000 左右提高到 1:10000 以上，基础地图资源涉及清末民初村落测绘图、新中国成立初期卫星影像以及当代村落测绘图；②基于地理信息系统图像分析处理平台，对不规则变形的历史地图进行校正配准；③基于多维数据信息叠加，推断地物的出现时点（如根据建筑创建者的生平记载推断建物年代），以 30-50 年为时间分辨率设定历史时间断面，复建村落分时地理空间信息（图 3-1）。

在这一时空复建策略下，有两方面问题需要具体说明。

首先，这一复建工作较强地依赖于地物建设年代信息，但对这项信息并不要

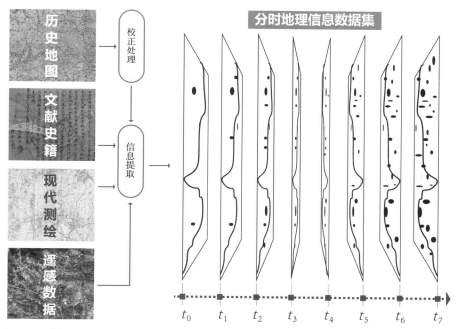

图 3-1　时空数据复建流程

求极端精确，参考研究的时间断面间隔（即时间分辨率），如果误差控制在 30 年以内，基本可以区分其划归的时间断面，是可接受的误差。具体操作上，如果某建筑的信息标牌上只说明建筑建设于清代或清代前期，就需通过族谱追索或田野访谈途径，了解此建筑与其他已知建设年代的相关建筑出现的先后关系，或者确定此建筑始建者的宗族代系，从而推断建筑的大致建设年代。经此操作，一般可将建筑的建成时间锁定在 ×× 世纪 ×× 年代，可支撑精细分辨率的时空复建工作。

　　其次，关于历史环境的复建。在小农经济时代，村落的环境形态，如地形、林地与宜耕地的范围、河道水渠的流径、主干道路的形态等，一般较少出现明显变化，只是在历史进程中或有微调，并且这种变化不易留存史料实据。受制于此，并考虑到模型的复杂度控制和模拟研究的实效，在时空复建时不妨做出假设：与聚落自体形态的变化发展程度相比，环境要素的性状相对稳定。

3.2 模型的特征选择——基于先验知识的影响因素推理

甄选空间特征变量是时空演化建模的前序工作。在这个关键步骤存在两方面问题，使得特征变量的选取易乏合理性：其一，空间驱动因子与空间特征变量的概念易出现混淆；其二，特征变量自身的地域性易被忽视。

首先，人们在思考空间特征的决定项时常常混淆两个处于不同层面的概念：其一是驱动因子（或称为"影响因素"），其二是驱动因子的作用表现，即空间特征变量。例如，"距主要道路的最短距离"这个要项，在某些空间研究中被视作一种驱动因子[7, 8]，而在另外一些研究中又成为权衡某种因子（如"主要道路"）的空间作用机能的具体指标[9]。很显然，该要项是一种空间特征变量，用以描述多种空间驱动因子的综合作用，这些驱动因子可能包括：道路的位置与功能、当地经济与交通的基本模式、区域间联系的强度，甚或当地的人均年收入等。也就是说，某一空间特征变量的数值表现可能受多种因子影响；同时，一种因子也可能会影响到多种特征变量，例如，"地形"因子对聚落的"高程""坡度""坡向变化率"等空间变量的表征均可产生影响。虽然空间驱动因子和特征变量的关系较为复杂，但我们可以清楚地发现，所有的因子必须通过控制人地之间的相互作用来产生空间驱动效果，终极表现为各种变量的特征（图3-2）。因此，在时空建模过程中，"影响因子"和"特征变量"两者不可被视作相同性质的要项而混用。

其次，空间特征变量的选择取决于人们对空间影响因子的判断，需从社会发展背景和人地关系中深入挖掘。人们对影响因子的关注点由自然地理条件要素[10]（包括地形地貌、气候、水源、某生产生活资料等）拓展到社会资源与对外交往条件要素[11]（包括社会经济结构、交通可达性、政策调控下的基础设施状态等），并逐步开始较为全面地兼顾以上两类要素，进一步探讨城市化对乡村空间的影响[12]。空间特征变量是空间影响因子的作用表现，包括聚落内在的几何形

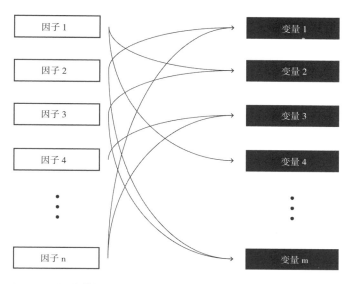

图 3-2　因子与特征变量关系示意

态变量（如建筑面积、朝向、间距等）和聚落与外在要素的环境关系变量（如建物所处位点的高程、坡度、距主要道路的最短距离等）。在既往的村落研究中，虽然空间影响因素的分析范围不断扩展，但是空间特征变量的选取却出现了趋同的现象，即惯于根据前人研究经验甚至城市空间研究经验而设定变量，忽视特征变量本身应具有的地域性[13]，使相应的量化分析与实际空间不能获得较好的特性匹配，从而可能导致乡村地域文化保护工作在"空间特征辨识"阶段便开始偏离地域文脉。

除此以外我们还应意识到，空间特征的维数过高会对后续空间建模的算法运行造成一定的负面影响。因此，所选空间特征变量的数量并非越多越好[14]，而是应以合理数量的变量来高效地完成客观世界的描述。因此，初选后的特征变量还需经空间控制能力检验进行筛选，来降低特征维度，简化空间模型。

基于以上认识，我们针对不同村落，首先从社会、经济、文化、环境等多个角度，分析村落空间建构过程的影响因子。在此基础上，分析推导各影响因子可能发挥的空间作用，初步选择空间特征变量，即"准控制性变量"，包括外因性的环境关系特征变量与内因性的几何形态关系特征变量。最后，从村落数据中提取各项特征变量的样本数据集，分析各特征变量数据的分布特征，判断各"准控制性变量"的形态控制强度，并依据判断结果对特征变量进行筛选，对特征空间进行降维。

具体步骤为：①通过田野调查、文献调研，搜集研究区域在历史时期的各类社会史料，最大限度地复原社会全景，包括各自的自然环境条件、重要历史事件、社会经济制度、基础经济形态、社会基层的内外组织关系、民系内部文化形态等；②以逻辑推理法从社会全景中分析提取聚居空间形态的影响因子；③依据"可量化"的原则，寻找各影响因子的空间作用所对应的特征变量，作为待验证的"准控制性变量"；④从村落分时地理空间信息数据集中提取各"准控制性变量"对应的数据集合；⑤针对每一种"准控制性变量"，根据其样本数据的分布特点分析结果（具体数据分析方法详见后文），判断变量对村落分布是否具有较明显的控制力，根据判断结果保留或去除空间特征控制变量（图 3-3）。

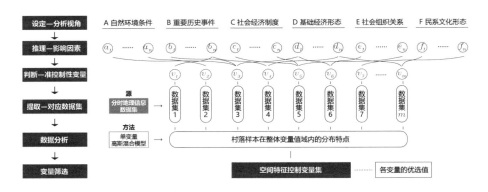

图 3-3　空间特征控制变量的选定

　　　　　　　　　　　　　　演化与复现——粤地传统客家村落时空动态模拟

3.3　时空动力模型的比较选择

如果我们掌握了空间某点位的各项特征变量值，那么如何综合这些特征来判断该点位在下一时刻是否（或者有多大的概率）能转变为村落斑块？这时我们便需要模型介入了。模型是将"输入特征"转化为"输出形变结果"的处理器。

随着静态量化分析的深入，人们渐渐对村落空间的非线性、复杂性、动态自组织性产生了进一步的认识，意识到动态空间演绎对村落研究的重要性，但相对村落的静态量化研究，村落的动态量化研究尚处于起步阶段，所运用的模型方法亦多取自城市空间研究。方法总有其适用范围，一旦调整应用对象，方法可能亦应做适应性调整。目前，两种模型经适应性改良，在村落时空研究中或具有一定的应用前景：一是适用于系统情景规划的系统动力学模型，二是适用于形态规划的元胞自动机模型。

3.3.1　系统动力学模型

系统动力学（system dynamics，SD）模型最早由杰伊·莱特·福里斯特（J.W.Forrester）在 20 世纪 50 年代提出，该模型基于系统反馈控制机制而创建，根据系统内部组成要素的因果关系特点，从系统的内部结构来寻找问题发生的根源。该模型将系统中所有要素视为一个密切相关的结构性整体，通过要素间的作用关系表达系统的发展动力机制，其局部作用涵盖了非线性关系、因果循环关系、信息反馈机制和延迟作用机制，在一定程度上反映出系统的复杂性。但是，从系统动力学模型的构造过程可见（图 3-4），该模型对反馈机制的分析以及变量之间的函数关系的确定均主要依赖定性分析，使得模型对系统的描述表现出一定程度的主观性。另一方面，该模型的结构复杂度极高，参数测算工作量极大且不易准确确定，同时对输入数据的精度要求并不严格，因而该模型对系统的判断精度很难把握，影响到模拟结果的有效性 [15]。最关键的一点是，该模型极大地弱化了空

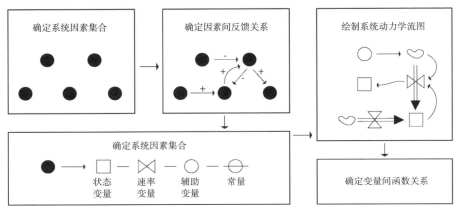

图 3-4　系统动力学模型工作流程

间概念而更像一种时间动力模型。它将地理空间系统视为均质整体，研究实体各个属性在时间轴上的协调、反馈等相互作用，难以刻画地理系统中各要素在空间上的相互作用和相互反馈关系，模型中可用的变量多属经济性变量和土地利用相关变量，较难引入空间形态相关变量来探寻其中的反馈机制。总体而言，系统动力学模型较为适合在数据不足的情况下利用多种性质的数据（如经济数据、生态环境数据、空间数据等），来研究复杂巨系统的结构和内部因果关系对动态行为的决定作用，并借助检验后的关系系统来预测不同宏观规划方案的可能结果，以辅助决策。但由于该模型的空间概念不强，目前在国内外村落研究中主要用于各种发展决策的预期情景分析，研究成果主要用于乡村旅游发展、城中村改造[16]、乡村能源结构改善[17]、乡村防灾措施[18]、乡村生活条件改善[19]等方面的决策。

3.3.2　元胞自动机模型

元胞自动机(cellular automaton，CA)的概念诞生于20世纪40年代的数学领域，由跨数学、物理、计算机多界的美籍匈牙利科学家约翰·冯·诺依曼（John von Neumann）提出。它不是一个具体的模型，而是一种针对迭代变化的动态空间系统的思想框架，代表由一系列在空间上各向同性的元胞组成的、时空均离散的、具备自主迭代演化能力的动力系统，其基本思想深植于由局域变化驱动全局演化的"自下而上"的空间逻辑[20, 21]。其主要工作原理是：局域个体元胞依据预定的动态转化规则与相邻元胞互动，并同步完成状态更新，如此循环迭代，进而通过局域行为构造全局，形成有秩序的复杂系统（图3-5）。之所以用"自动机"定义该系统，是因为它的运转规则是预先设定的，在工作过程中不需要外界再进行操作干预。因此，元胞状态转化规则成为元胞自动机的核心灵魂所在，它表达单元邻域范围内，中心元胞与相邻元胞在 t 时刻的状态对 $t+1$ 时刻中心元胞状态的动力学函数法则 f。设 S^t 为中心元胞在 t 时刻的状态，N^t 为该元胞的邻域元胞在 t 时刻的状态，则中心元胞的状态转变函数可表达为：

$$S^{t+1} = f(S^t, N^t) \qquad (3.1)$$

元胞自动机首先完成了时间与空间的动态过程耦合，并进一步形成了一套自

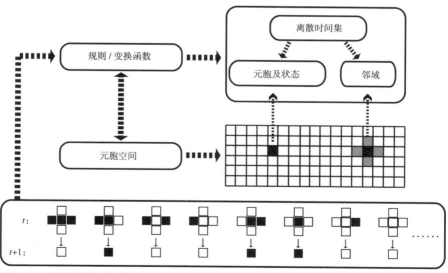

图3-5　元胞自动机模型工作原理

下而上的、基于简单的微观规则来驱动复杂系统演化的概念框架，较为吻合模拟"时空动态"的"复杂系统"的特性需求。除此以外，该网格化的动力系统非常形象直观，不仅能使客观世界逼真地映射到模拟系统上，并且可以依托计算机进行格网点阵并行迭代计算，算法兼容性强，综合使之具有强大的复杂空间系统计算能力。实际上，元胞自动机不可直接定义为一种明确的模型，它的单元形态、元胞状态种类、状态转化规则都是可以根据研究需求而再定义的。它更像是一种思想方法框架，也即告诉人们一种通过控制局部空间关系规则、在离散时间上步进迭代而模拟全局并行变化的操作思路。

以上特点使元胞自动机在模拟复杂地理现象方面具有明显的优势，在地理空间的应用中，元胞自动机试图在真实地理过程和动态的网格系统间建立一种映射关系[22]。但是，我们不难发现，在地理研究中，影响空间状态的因素——输入特征，不仅仅限于简单的邻域网格关系。现实地理空间在各种要素关系衡量层面都是不均质的，此地与彼地可能高程不同、用地属性不同、与特殊环境要素的距离关系不同，等等，在局域尺度和全局尺度都可能存在着多元动力机制[23]。因此，应用于地理研究的元胞自动机模型仅仅依托于局部邻域作用而定义空间转化规则是不够充分的，通常还会对邻域规则辅以必要的约束性规则[24]，此时就需结合必要的算法来确定各种约束（输入特征）对空间转化的作用效果（状态转化影响）。除此以外，地理空间中的土地利用状态种类往往较多，在研究多元状态之间的多种转变过程时，元胞自动机模型中亦常吸纳马尔可夫（Markov）算法来定义其元胞状态转化规则。正因为数学算法模型介入元胞自动机的状态转化规则定义，并且转化规则本身为元胞自动机的核心灵魂，所以机器学习渗入元胞自动机建模、模型校正以及模型应用的各个方面。元胞自动机也因机器学习及相关技术和算力的支持，逐渐在各科学领域得以广泛应用。

目前，元胞自动机在空间规划方面主要应用于城市空间生长的理论研究与实践。由于城市空间演变在很大程度上受到微观个体的主观决策影响，因此城市CA模型往往需要与多智能体模型结合来模拟不同团体决策的作用。与城市相比，传统村落时空发展过程更接近自下而上的自然生长，即其环境相关性较强，较少受到主观决策影响，因此从理论上来说，CA 模型较适合模拟传统村落系统的空间演化。

在实际建模应用研究中，我们的初步设想是：通过复建观察村落空间形态的演化过程数据，辨析发展模式类型及模式转化流程，基于此设计模拟步骤。而后，根据输入特征以及特征变量间的基本作用原理，确定空间状态转换规则模型。进而，基于元胞自动机思想方法创建时空动力模型，基于复建的时空数据完成模型的校准以及模型的有效性检验。

具体操作步骤为：①设定元胞空间形式、空间状态类别；②基于村落空间拓展的基本模式及其变化规律，构建元胞自动机模型的模拟流程框架；③基于筛选出的有效的空间特征变量，创建空间适宜性判断规则模型，将其结合邻域控制规则，并置入元胞自动机模型的转换规则之中；④设定模型参数，完成元胞自动机模型整体结构的创建；⑤利用村落的历史过程数据训练模型，检验模型的有效性以及村落空间逻辑的历史连续性。

3.4 具体时空动力模型的构建与校验

3.4.1 基本模拟框架流程

如果通过一个迭代性、步进式生长的模型来模拟村落的生长，虽然单栋房屋的建造是一种整体性空间实践，我们也将其看作一个逐渐生长的过程。根据村落空间发展过程特点，我们将空间的生长分为两个交替发生的环节：一为择基选址环节，一为建筑自体连续生长环节。当建筑自体生长被判断停止后，则再次进入选址环节（图3-6）。

该模拟流程为一个基本框架。我们在实际研究推进中，根据村落生长逻辑特点对其不断发展完善。

图 3-6　基本模拟框架流程

3.4.2　空间转换规则内嵌算法

常用的转换规则嵌套算法难以在模拟精确度和模型的物理解释力方面寻求有效平衡，这也是 CA 模型在村落空间应用中亟待解决的问题。事实上，传统村落空间布局形式及其发展变迁有别于城市。与通常连续生长的城市斑块相比，村落斑块的尺度较小，受生产模式和资源分布的影响，常常分散布局于大尺度自然环境中，并进行跳跃式生长，准确模拟的难度较大。此外，从传统村落空间保护的角度出发，时空动力模型除却空间发展预测的功能外，还需要具有充分的规律解释能力以辅助时空特征的认知理解。以上两点使 CA 模型在村落空间的应用中需着意于非连续性的空间生长逻辑，以及算法的准确性和可理解性。

在生长逻辑方面——散村是传统中国乡村聚落形态的原生方式。村落的分散性生长可能需要经过"选址—自体扩容—停止扩容"这一流程的多次循环过程。在这一过程中，尤其在新生单元的选址时，空间点是得以转变为聚落，不仅需要满足一定的条件，还需要在满足条件的基础上进行竞争与优选。即，判定空间点是否发展为村落，不是一个分类问题，而是一个优选问题。这与连续性生长的城市空间不尽相同。监督性机器学习常用算法可以分为判别式（discriminative）算法和生成式（generative）算法两种类型。判别式算法由数据直接学习决策函数 $f(X)$ 或者条件概率分布 $P(Y \mid X)$ 作为预测的模型；生成式算法由数据学习联合概率分布 $P(X, Y)$，然后求出条件概率分布 $P(Y \mid X)$ 作为预测的模型[25]。在分类原理上，判别式算法是识别不同类属之间的边界以对样本进行分类，生成式算法是识别样本对于某一类属的相似度（通常表示为概率）后，通过比较类间

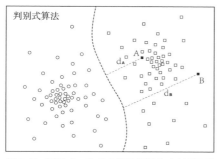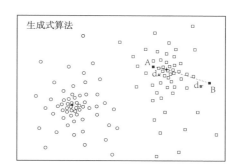

图 3-7　判别式—生成式算法的适宜度判断思路

相似度以归类。这意味着，对候选空间点做出的发展适宜性评价，在判别式算法中取决于样本在特征空间中距离分类界面的远近，而在生成式算法中可以直接等价于类别相似度（通常表达为概率）。如图 3-7，判别式算法中样本 A、B 的适宜度值正相关于其与分界面的距离 d_A、d_B，而生成式算法中适宜度值负相关于其与样本布局核心的距离 $d_{A'}$、$d_{B'}$。在特征空间中，特定属性样本密集处通常可视为优势区位，因此，生成式算法在对样本进行优势性评价时更为合理，即生成式算法带来的信息量与应用灵活性更适于构建村落 CA 模型的空间生长逻辑。

在算法本身的准确性和可理解性方面——在第二章对基于分析的算法和基于数据的算法在村落研究中的适用性已展开讨论，在此不再赘言。常用的判别式算法（如逻辑回归、决策树、案例推理、人工神经网络、蚁群智能等）在准确性和可理解性两方面难以有效平衡。与其相对，生成式算法从统计角度表示数据分布情况，可清楚地表明数据生成的过程，在可理解性方面通常不存在缺陷。

综合生成式算法和判别式算法的特点可见，针对村落（尤其是我国常见的离散型布局的村落）CA 模型，生成式算法更适于嵌入其空间转换规则。

在空间演化特征控制变量的研究中，经对整体空间进行精细的格网分割并对各方格的中心点逐点采样后，对于某一特定变量而言，可得到整体空间的变量值域。如果在该值域内平均划分出若干子区间，那么村落样本的变量特征可以表示为各子区间内出现的村落样本方格个数。基于上述数据统计，我们需要寻找一种

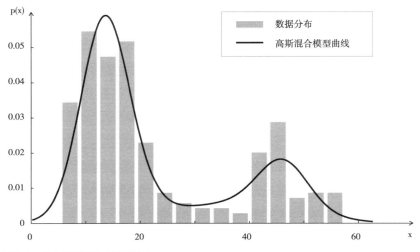

图 3-8　单变量高斯混合模型示意

函数，以合理地描述村落样本在空间变量值域内的分布特征。鉴于这种数据分布很可能具有一定的复杂性，线性的或者单调的函数应当不再适用，因此拟运用高斯混合模型（一种非线性非单调的概率密度函数模型）来解决此问题（图 3-8，式 3.2）。

$$f(x) = \sum_{j=1}^{k} \omega_j N(x|\mu_j, \sigma_j^2), \sum_{j=1}^{k} \omega_j = 1 \qquad （3.2）$$

其中，ω_j 是高斯分量 j 的权重系数，μ_j 是分量 j 的样本均值，σ_j^2 是分量 j 的样本方差。

更进一步，空间适宜性判断原则是设计元胞自动机模型之转换规则的重要构成。鉴于村落的分散跳跃式生长逻辑中蕴含的"优选"问题，空间适宜性判断的关键是确立一种"生成式"算法模型，将空间单元所秉持的多元空间特征变量值映射为该单元的空间发展适宜度值。就传统村落研究的目的和意义而言，这种映

　　　　　　　　　　　　　演化与复现——粤地传统客家村落时空动态模拟

射需要具有较高的准确性和较强的物理解释力。由于空间特征变量的多元性以及数据分布的复杂性，拟运用生成式算法中简明而实用的多元高斯混合模型算法来解决此问题（式3.3）。

$$f(\vec{X}) = \sum_{i=1}^{k} \omega_i N(\vec{X}|\vec{\mu}_i, \Sigma_i), \sum_{i=1}^{k} \omega_i = 1 \qquad （3.3）$$

其中，ω_i 为分量 i 的权重系数，$\vec{\mu}_i$ 是分量 i 的 d 维均值列向量，Σ_i 是分量 i 的 $d \times d$ 的协方差矩阵，用来表达多元变量之间的相关性。多元高斯混合模型属于生成式模型，它的数学结构简单易懂，可对数据分布特征信息表达得完整而富于结构性，有助于进一步分析隐含在数据背后的原因，亦有利于利用有限的数据对事件的发生做出更准确的预测。该模型已广泛应用于特征识别（包括语音、图像、生物特征的识别等方面）。

3.4.3　模型参数设置

模型参数是模型中的一系列关键性常数值，是用以描述模型总体特征的概括性数字度量，其设置在全局角度影响着模型的运行结果。

一般情况下，模型参数种类的设置应主要依据村落历史背景特征，如针对宗族组织结构的村落，设置村落发展周期时长（可能与分家析产周期相关）；针对农业经济主导型村落，应加入耕作半径参数，等等。这些参数可能影响到样本特征的具体数值计算，以及生长模式的切换。具体参数赋值主要根据村落本体历史数据的特征呈现进行预设，而后通过"调整参数—模拟校验"的循环试错，逐渐逼近合理值。

3.4.4　模拟准确率检验方法

模型的有效性需要通过对比模拟结果和历史数据的一致性后方可判定。目前，模拟结果的评价指标通常使用卡帕（kappa）系数，亦有少数使用分形维数等。事实上，这些评价指标对村落斑块而言是具有应用局限的。其中，基于分形维数的评价不够严谨，常出现两幅图看起来截然不同，却可能具有相似分形维数的情况。卡帕系数是基于全局空间单元格的准确性评价，这意味着如果空间单元格中含有过多的固定状态单元格，或者待模拟的斑块面积远小于研究区域面积，那么该指标将夸大模拟结果的准确度。鉴于华南地区村落斑块分布的零散性特征，并考虑村落斑块与自然基底的面积级差，卡帕系数在多数情况下可能不再适合村落空间模拟效果的鉴定。对于在空间上不连续生长的村落，需要针对其形态布局特征寻找一种合理的评价指标。

村落建筑斑块属于离散型斑块，斑块之间间距明显，而且村落建筑斑块尺度偏小，因此，与城市 CA 模型相比，村落模型的模拟结果很难精准地重合于真实情况。对于村落建筑斑块模拟而言，重要的是模拟结果与实际状态相似、斑块间的整体位置关系相似[26]。对于 CA 模型模拟效果的评估应基于模拟的合理性，而不是模拟与现实斑块之间绝对的一一覆盖对应关系[27]。我们有理由认为，如果模拟结果与真实情况的几何距离偏差在合理的范围内，那么可认定模拟有效。考虑到分散断续式村落精准模拟的难度系数以及高精准度背后的过拟合问题，拟设计具有一定容忍误差的模拟精度评价指标（matching index with tolerance）来进行模拟准确率的检验评价[22]。

我们采用有容差的模拟匹配指数（表示为 I_T）进行模型评估。容许偏移误差尺度应与经济单元（建筑组团及附属环境范围）尺度相关，则取经济单元半径 R 为模拟的最大容许偏移误差。具体操作方法是，以真实建筑斑块质心为圆心，R 为半径画圆，叠合求并集，划定模拟容差范围，落在容差范围内的模拟点为有效模拟点（图 3-9），通过计算有效模拟元胞数量与现实建筑元胞数量的比率，得到模拟正确率。

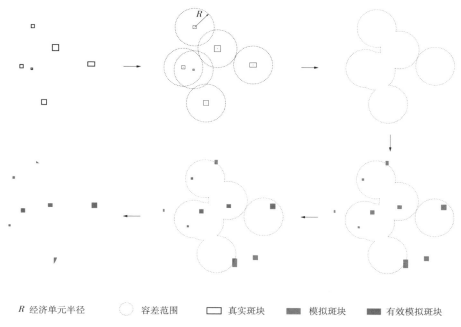

R 经济单元半径　　◯ 容差范围　　▢ 真实斑块　　▮ 模拟斑块　　▮ 有效模拟斑块

图 3-9　模拟效果权衡方法

参考文献

[1] Ramankutty N., Foley J. A. Estimating historical changes in global land cover: Croplands from 1700 to 1992[J]. Global Biogeochemical Cycles, 1999,13(4)：997–1027.

[2] Goldewijk K. K. Estimating global land use change over the past 300 years: The HYDE Database[J]. Global Biogeochemical Cycles, 2001,15(2)：417–433.

[3] 郭晓东，牛叔文，李永华，等. 陇中黄土丘陵区乡村聚落时空演变的模拟分析——以甘肃省秦安县为例[J]. 山地学报，2009, 27(3)：293–299.

[4] 林忆南，金晓斌，杨绪红，等. 清代中期建设用地数据恢复与空间网格化重建：方法与实证[J]. 地理研究，2015,34(12)：2329–2342.

[5] 孙莹，王玉顺，肖大威，等. 基于GIS的梅州客家传统村落空间分布演变研究[J]. 经济地理，2016,36(10)：193–200.

[6] 龚胜生，李孜沐，胡娟，等. 山西省古村落的空间分布与演化研究[J]. 地理科学，2017,37(3)：416–425.

[7] Chen Y., Ge Y. Spatial Point Pattern Analysis on the Villages in China's Poverty-stricken Areas[J]. Procedia Environmental Sciences, 2015,27(5)：98–105.

[8] Zheng H., Shen G. Wang H., et al. Simulating land use change in urban renewal areas: A case study in Hong Kong[J]. Habitat International, 2015,46(2)：23–34.

[9] Afrakhteh R., Asgarian A., Sakieh Y., et al. Evaluating the strategy of integrated urban-rural planning system and analyzing its effects on land surface temperature in a rapidly developing region[J]. Habitat International, 2016,56(6)：147–156.

[10] 董春，罗玉波，刘纪平，等. 基于Poisson对数线性模型的居民点与地理因子的相关性研究[J]. 中国人口资源与环境，2005,15(4)：79–84.

[11] Thorsen I., Ubøe J. Modelling residential location choice in an area with spatial barriers[J]. The Annals of Regional Science, 2002,36(4)：613–644.

[12] Liu Y., Yang Y., Li Y., et al. Conversion from rural settlements and arable land under rapid urbanization in Beijing during 1985–2010[J]. Journal of Rural Studies, 2017,51(3)：141–150.

[13] Wahyudi A., Liu Y. Cellular automata for urban growth modelling: a chronological review of factors in transition rules[C]//Proceedings of CUPUM 2013: 13th International Conference on Computers in Urban Planning and Urban Management–Planning Support Systems for Sustainable Urban Development. The Netherlands:CUPUM, 2013: 1–21.

[14] Clarke K. C. The limits of simplicity: toward geocomputational honesty in urban modeling[C]. Florida: CRC Press, 2004.

演化与复现——粤地传统客家村落时空动态模拟

[15] 席西民，范俊生．应用系统动力学模型应注意的几个问题 [J]．科研管理，1990,41(1)：21-23.

[16] 庞永师，蒋雨含，刘景矿，等．基于系统动力学的"城中村"改造策略 [J]．系统工程，2016,34(1)：54-63.

[17] Bala B. K. Computer modelling of the rural energy system and of CO_2 emissions for Bangladesh[J]. Energy, 1997,22(10)：999-1003.

[18] Hoard M., Homer J., Manley W., et al. Systems modeling in support of evidence-based disaster planning for rural areas[J]. International Journal of Hygiene & Environmental Health, 2005,208(1)：117-125.

[19] Bontkes T. E. S. Dynamics of rural development in southern Sudan[J]. System Dynamics Review, 1993,9(1)：1-21.

[20] White R., Engelen G. Cellular automata and fractal urban form: a cellular modelling approach to the evolution of urban land-use patterns[J]. Environment & Planning A, 1993,25(8)：1175-1199.

[21] Wu F. Simulating urban encroachment on rural land with fuzzy-logic-controlled cellular automata in a geographical information system[J]. Journal of Environmental Management, 1998,53(4)：293-308.

[22] Lagarias A. Urban sprawl simulation linking macro-scale processes to micro-dynamics through cellular automata, an application in Thessaloniki, Greece[J]. Applied Geography, 2012,34(5)：146-160.

[23] Wu F. Calibration of stochastic cellular automata: the application to rural-urban land conversions[J]. International Journal of Geographical Information Science, 2002,16(8)：795-818.

[24] Ward D. P., Murray A. T., Phinn S. R. A stochastically constrained cellular model of urban growth[J]. Computers Environment & Urban Systems, 2000,24(6)：539-558.

[25] 李航．统计学习方法 [M]．北京：清华大学出版社，2012.

[26] White R., Engelen G., Uljee I., et al. Developing an Urban Land Use Simulator for European Cities[C]//Fullerton K. Stresa, Italy:European Commission Joint Research Centre, 2000: 179-190.

[27] Wu F. Calibration of stochastic cellular automata: the application to rural-urban land conversions[J]. International Journal of Geographical Information Science, 2002,16(8)：795-818.

第四章
粤地客家——样本的
社会历史背景解读

"客家"是对中国一支具有独立文化意义的汉族民系的称谓，该民系的形成受到唐、宋、元交替时期中国移民运动的影响，其文化核心处于赣闽粤三省交界区域的山地丘陵地带[1]。明清两代，这一民系受到政府的流民镇抚举措以及文化核心外沿地区战后招垦行为的驱动，由核心部向南、向西辐射跳跃发展。大约至清中后期，这一民系在与粤地其他民系的交锋中逐渐形成自我文化意识，使"客"称谓逐渐脱离了单纯户籍意义上的与"土户""主户"相对的泛称，而成为这一支具有相似方言、习俗、流迁经历、聚居形式的群体的文化专称[2, 3]。自19世纪末20世纪初粤东地区客系知识分子开始建构客家身份以来，这一专称逐渐在赣闽粤地区的客系民众中取得认同[4]。目前所谓该民系文化中心地域的"客家四州"为广东惠州、广东梅州、江西赣州、福建汀州，广东相较其他两省，是客家文化更为突出的地域载体。

与广东地区的广府、福佬民系相比，客家民系在明清乃至近代的发展伴随着较高频率的流迁，对于客家村落与建筑的探讨实际上也给予我们一个新的研究视角——汉文化区以及南方少数民族地区多讲究安土重迁，无论是多民系还是同民系的村落研究，多局限在同一地域；客家的迁徙特点提供了流动观察同民系在不同地域的空间开发的机会，同时意味着我们很难以静止的视角来理解其较为复杂多样的聚居单体形态与群体布局模式。客家建筑与聚落在中国传统民居中属于较为独特的一支：一方面，其建筑常为各种尺度的围居，大型围居甚至可被视为一个独立的村，围居间小聚集、大分散，村落形态并无定式，但围居以外通常无街巷等公共空间；另一方面，对于客家此类在一定时期内处于流迁状态的民系而言，"空间概念"较难实现绝对统一，地理环境与社会环境的差异、民系间的文化碰撞等因素使客家营居"空间概念"的演化成为必然。此外，客家是宗族化的组织群体，纵然迁徙频繁、空间演化，但是同一家族在聚居空间营造与经营方面仍然可能具有文化发展的连贯性。如果这一假设成立，那么迁徙路径与空间模式的地理分布之间应存在一定的互证关系，迁徙之源流差异以及迁徙路径上的外部刺激可能成为寻求空间概念演化之解释的方向。

对于空间类型的流播关系，主要存在两种探索思路：其一为追溯空间形态之间的关联度思路，即采集不同地理节点的空间形制，将相似度较高的节点联系起来。这种思想方法可以较为有效地辅助地缘空间关系的快速建立。在此基础上，如果探讨类型流播的微观细节，则需要采用第二种思路，即追溯空间形态所属文化主体的空间流徙过程，从而进一步明确不同地理节点之间的文化交流关系。因此，我们需要进一步还原粤地及其周边关联地带客家人迁徙流向与空间节点，而后对追索出的地理节点上的空间形制进行实地调查采样分析。

客居地理空间研究范围的选择首先参考近年来学者对广东省各区域客家人口的比例调查 [5]。调查数据显示，韶关东部和河源、梅州两市的大部分区县，客家人口占户籍人口的 90% 以上，可视为客住核心区域。如果用梯度色标识省内各区域客家人的占比等级，可见随地理空间由客文化核心区向东南沿海部、向西南方向推移，客家人口的占比逐渐下降，并且在西南部出现一些断续分布的低人口比值孤岛（图 4-1）。这些低值孤岛地区的客家移民多受清代定点移民垦荒政策招徕，到清后期因较严重的土客冲突而在政府的安排下又向今广西、海南等地大量迁徙 [6]。鉴于孤岛地区客人分布零散、人口占比低、文脉连贯性较弱，故与乳源、连南等少数民族自治县一并不纳入接下来的村落讨论范围。

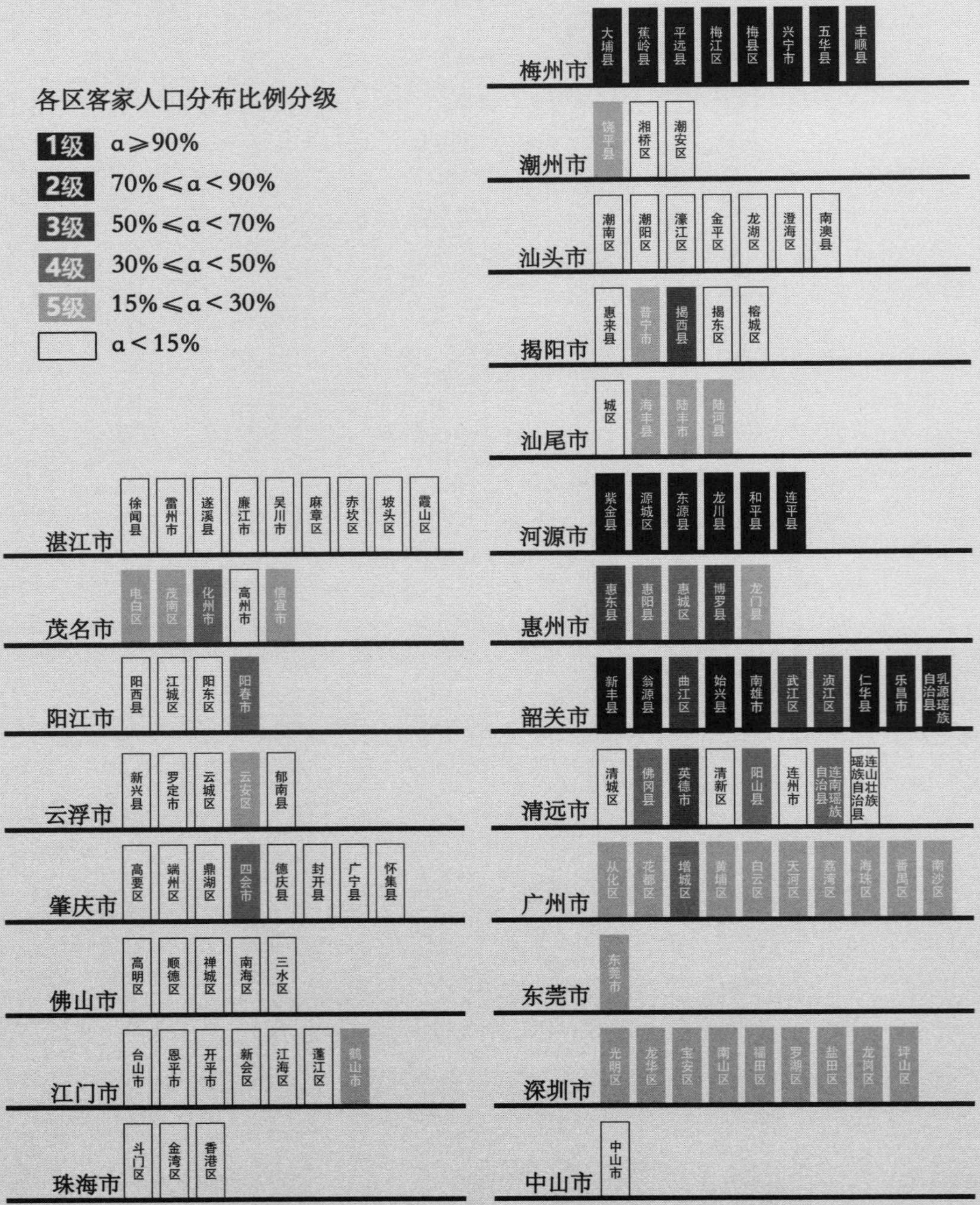

各区客家人口分布比例分级

1级 a≥90%
2级 70%≤a＜90%
3级 50%≤a＜70%
4级 30%≤a＜50%
5级 15%≤a＜30%
☐ a＜15%

图 4-1 广东省客家人口分布比例分级图

4.1 迁徙与地缘

4.1.1 高频迁徙民系的空间流线

由于正史记载较为零散残缺，客家本源与空间移动过程本身是一个常具争议的话题，20 世纪以来多方学者根据不同类型信息资源考证推测，得出不尽相似的论断。从宏观空间关系视角来看，葛剑雄等学者著《中国移民史》中，对于赣闽粤交界地的客家民系，根据地域人口数量变化特点、与元代周德清所著《中原音韵》相似的客家方言特点和大量族谱信息调查得出下述论断，较为客观可信：携带中原文化特点的客家人及其文化，于南宋至宋元交际期间，在福建汀州和赣南一带形成，因躲避宋元时期南方平原地区战乱，汀赣客民在南宋后迁入广东梅州、循州（今河源、惠州等地）大部和潮州部分地区（以大埔为主）[7]；此后，因局域人地矛盾和地方动乱等，且跨省流迁较省内移民更容易摆脱原住地赋役，粤东北与福建汀州、赣南之间多产生跨省人口交流，在明正统、成化年间以及明末清初形成多个跨省多向客系移民高潮[6]；在此之后，就广东省内而言，清康乾年间，因闽粤沿海迁海复界及相继的惠民招垦政策，客民形成了由粤东北向粤南珠三角附近移居的高潮[8]。

粤地更多的客家移民细节在宏观视角的《中国移民史》中并未详加展开，需要通过地方与民间文献进行追索推测。客家迁徙常具有连带性特点，即兄弟携家口结伴而迁，乡邻之间亦常因循先行者经历经验，陆续以相似的途径向新地迁移。基于这种行为特征，大姓宗族的迁徙行踪可在一定程度上标识出区域范围内客家迁徙的总体趋势，由此族谱研究也成为挖掘客家迁徙历史的有效途径。葛剑雄等学者对移民的源流追索，以及罗香林先生在 20 世纪前中期所作的客家迁徙源流考证即采用这一方法[9]。必须指出的是，人们在编撰族谱时往往出于标榜家族地位的需要，将家族起源刻意附会于名门福地，或与著名历史人物乃至神话人物建立关系，因此族谱研究中的信息辨伪筛选工作较为必要。就广东遗留的大多数客家系族谱来看，其所记录的信息中明代以来的部分较为具体，无明显夸张成分，大体真实可信；宋元及以前时段的相关记录较为概要且出现攀附迹象。此现象或可证明，客家人在南宋以前应不在赣闽粤地域生存，因而相关记录不甚明确，编造痕迹明显；宋元之际应为客家初迁赣闽粤交界地区且非定向流动的时期，其间家族发展较为零散、未成气候；在元以后至明代，家族定居繁衍，组织系统成形，谱系记载才相对详尽。

据罗香林考证，广东一地的客家迁入主要有四个入口，分别为与江西交界的南雄、和平两县，以及与福建交界的蕉岭（旧称镇平）、大埔两县。江西迁入者在广东省内主要单向南迁，最终到达珠江三角洲边缘地带，偏西的一支更由珠三角地带流向广西、海南等省；福建迁入者先集中流向梅县（旧称程乡）附近地区，而后由此分头向南流向潮汕地区、向西南流向珠三角地区、向西北流向广西、湖南等省（图4-2a）。罗氏的考证大体贴近客人在广东省迁移的总体趋势，但在一些空间节点的定位上存在误差，根据多地方志以及民间族谱调查，我们应对其作出以下修正（以下地名均采用今名，具体至县区级地名）：

其一，据多部不同姓氏族谱记载，客家人由赣闽向粤的迁移，先期大致发生于两宋交替之时，大规模迁徙主要发生于明初至明中期。至明中后期，赣南闽西等地亦接收大量的粤北客人的回流[6]，这一时期，赣闽粤三省交界附近的客人流动并不定向。

其二，据民国《大埔县志》的氏族调查，大埔一地据汀江、韩江之利，为闽赣与潮汕之间的"交通孔道"，居于此地的客家人大多迁自饶平、永定、上杭、宁化、长汀，人口流出的方向主要为潮州、汕头[10]，因而客家东线迁徙路径中，大埔亦为一重要起点。

其三，珠三角地区为各路客家汇集区域，通过调查该区域及周边区域的客系族谱、地方志书与口述历史，发现在"广府—客家"文化锋面（即"清远—花都—从化—增城"一线）以东，客人迁移主要呈现"蕉岭—梅县—兴宁—五华—紫金—惠阳""龙川—东源—惠阳—龙岗（或东莞）""梅县—五华—东莞—宝安""南雄—始兴—从化—东莞—龙华""兴宁—增城—花都"等几条主线[1]。其迁徙源点基本包括了客人由赣闽入粤的各个起点，各线流向初始较为明确、较少交错，但在珠江三角洲地区边缘（如新丰、紫金等地）和内部（惠阳、深圳、东莞）经常出现汇聚或交错迁移[11]。罗香林先生对蕉岭、梅县起源的三线的刻画与上述记载较为相似，对龙川起源的主线刻画得似有偏差，对沿海地区的多向性迁徙以及南雄起源沿"广府—客家"文化锋面向珠三角东部的迁移有所疏漏，而主要析出向珠三角西部流向一线。然而西南向一线所覆盖的客人迁徙规模非常有限，多属零星迁移，这一点在20世纪80年代广东省客家人口分布情况调查中亦得以证实。

综合以上信息，客家在广东省内的主要迁徙流线的补充修正见图4-2b。

根据现居惠阳—东莞一带的客家人描述，迁徙中的客人经济条件较为有限，常常选择经济成本较低的水路。在主要客住区，由赣闽粤交界地区至南粤地区大概由三条主干水路完成南北连接。东路由交接于大埔三河坝的"汀江—韩江"一线构成，向北沟通福建长汀、武平、上杭、永定，向南通往潮汕地区。中路成"丫"状，西分支起自汀梅循道，顺东江而下，东分支起自筠门岭道，顺石窟河至梅江，梅江上游区域与东江上游区域在龙川区域由蓝关（今龙川205国道附近）沟通[12]，由东江而下直至惠阳、东莞等地。西路起自大庾岭山道，至南雄珠玑巷，"下浈水（即北江上游浈江）循北江南下番禺"[11]。以上三路中，西路与广府文化流播线有所重合，客家文化主要流播线在东路与中路，分别形成梅江系客文化圈与东江系客文化圈（图4-3）。

梅江线节点——梅江从紫金发源至大埔入韩江，其沿线五华、兴宁、梅县、大埔固为重要节点。此外，沿江上游左岸有多条河流汇入，如宁江、程江、石窟河、松源河、柚树河。这些支流多自北向南汇入梅江，源头自赣南寻乌、闽西武平、粤东北平远等地，亦为客人自闽西、赣南入粤的重要途径，故支流流经之地——蕉岭、平远，亦为重要节点。另流域之南与韩江三角洲交接地带的丰顺、揭西等

1　参见《客家源流考》所载族谱信息，以及《坑梓黄氏族谱》《惠阳叶氏族谱》《石岩镇官田村黄氏族谱》《广东宝安观澜松原厦陈氏族谱》《新安县志》《东莞县志》《永安县志》《紫金文史》等。

地，因客人向南部福佬文化圈的迁移，也较为重要。

东江线节点——罗香林所考证展示的由赣南、闽西经南岭古道，顺东江而下至珠三角区域的空间迁徙流线与《广东文化地理》中对于客家东江线迁徙路径的描述基本吻合，即"东江上源有寻乌水，为粤赣交通孔道，历史上中原移民有一

a. 广东主要客住区及其周边区域客家人迁徙路线（罗香林考证）

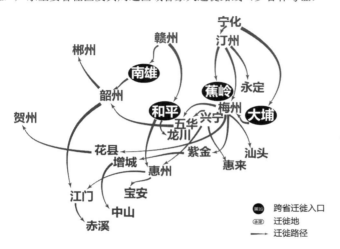

b. 广东省主要客住区客家人迁徙路线修正

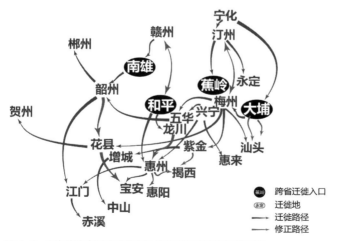

图4-2 广东境内客家迁徙路径的历史考证与再修正示意图

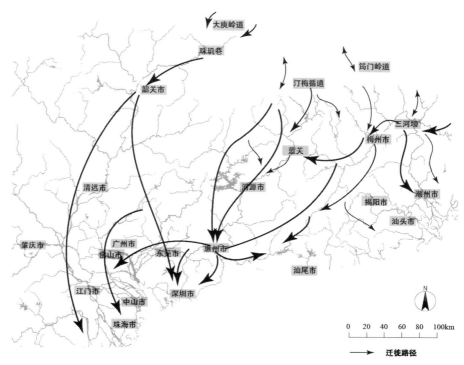

图 4-3　由水路承载的粤地客家迁徙流线

部分由此南下，定居于东江流域"，除此以外，"从福建汀江入韩江，溯梅江上
源，过大帽山蓝关，亦可抵龙川，下东江以至于广州"[13]。上述两条线路，前者
直接承载赣南客家移民，后者主要承载自闽西而来，经粤东北客家核心区文化浸
润后又再次迁徙的客家移民，显示不同文化的引入途径。不论是自东江上源南下，
还是取道梅江蓝关，河源市龙川县均成为东江流域一个较为关键的空间节点。龙
川县黄岭村各族谱记载：1506 年，饶姓从江西迁徙至黄岭村；约于 1520 年，叶
姓主要从龙川县通衢镇迁至黄岭村。但叶姓迁入龙川的途径较为多元，或从定南，
或从和平，或从兴宁，而又特别提及叶姓后裔从龙川顺江迁往惠阳淡水这一空间
流向。因而自龙川顺东江而下，经河源市东源县、源城区、紫金县，下至惠州市

惠阳区等空间节点亦很重要。根据《深圳客家研究》对今深圳东北、惠州南部两地区客家文化的同源性同质性分析[14]，以及清初迁海复界事件下客民从今惠州向深圳流迁的过程描述[15]，与惠州相邻的深圳市坪山区、龙岗区亦为客家人东江线流迁在大陆终端的重要节点。

客家迁徙常选择成本较低的水路，但是随着梅江流域人口增殖带来的人地矛盾、商业的拓展，加之明清以来政府对广东实施的垦荒鼓励政策，流域间出现往来迁移的动力，而由兴宁新陂—五华华城、岐岭—龙川登云、通衢—龙川老隆的翻越山岭的陆路迁移途径，成为沟通梅江、东江两流域人口与经济的重要通道，也成为梅江流域客家人及其文脉向东江流域和珠三角地区迁移延展的重要孔道（图4-4）。

实际上，客家人自清前中期沿梅江线和东江线开始的粤省内流迁，或比清以前发生的跨省流迁的意义更为重大。这一迁移流向打通了客系民众前往南粤的通道，自康乾年间至清朝末年乃至今日，由赣闽粤交界地至珠三角这一流线上的客

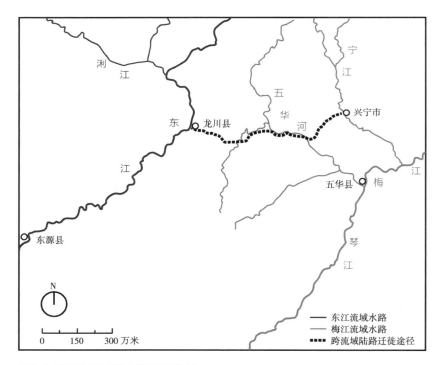

图4-4 跨流域水陆迁徙空间关系示意图

家人迁移从未中断。此举将山客导向海客，并在导流过程中为不同源头的客家支系的融合，以及客家与广府、福佬民系的交流互鉴提供了重要契机。

4.1.2　梅江系与东江系的地缘文化分异

从文化地理学角度来看，水源音和嘉应音为广东客家两种主要方言类型。梅州旧称嘉应州，梅江流域的客家方言多属"嘉应音"；"水源音"一词表意为自东江上游水源地迁来的客家人所操的方言，因而"水源音"在东江流域较为盛行。

梅江为韩江上游主源，穿越紫金、五华、兴宁、梅县、大埔而入韩江。梅江流域固然多山地丘陵，但在梅县东部、兴宁大片区域以及五华北部地带，山间存在较为广阔的平原盆地，吸引大量来自福建西部的客家人至此定基繁衍，闽西至此的移民行动较早可追溯至宋元之际。清以前的历史上，梅江流域的建制归属有所变化，但在较长时期与韩江三角洲同归属潮州。至清代，梅江流域地区明确与潮州分离，独立建制。梅江流域内，多面高山闭锁，鲜有兵燹，客家人入此地后相对平稳发展。此地客家人口占比极高，近乎可视为纯客住区域，被今人称为"梅州客家文化核心区"。在相对平稳安定的环境下，梅江流域人口激增，环境开发亦近极限。清以来的史料对该地的地质洪涝灾害多有记载 [16]，其激烈的人地矛盾可见一斑。此地客家人在人地矛盾的推动下，在明清之际多有外迁，除经梅江上游关隘至东江流域发展外，更向南越过莲花山脉，进入福佬民系主导的韩江三角洲拓展生存领地。

东江流域在空间上北接赣南，东邻客家文化策源地之一梅州，西望广府文化区，纵深尺度较梅江流域更大。该流域虽是较为纯粹的客住区域，但在文化特质层面又与梅州一带有明显区别。《广东文化地理》一书将这一介于九连山与莲花山之间的粤东岭谷平行地区划为"东江客家文化亚区"，与"梅州客家文化核心区"区分开来 [13]，即便如此，并无足够的理由确定东江流域与梅江流域客家文化的相对地位，本书仅视其为两类客文化，不分主次。东江流域处于广府文化与客家文化的碰撞地带。在这样的地区，县级区域的管辖归属时有调整。如五华（旧称长乐）、兴宁二县，在明代归属惠州府管辖，雍正十一年（1733 年）改归嘉应直隶州管辖。再比如，今深圳坪山区、龙岗区内各小片区的归属，历史上常在广州府和惠州府之间摇摆。行政归属不稳定地区多为政府核心管束不易触及的区域，此类区域对客家人流徙的阻碍较小，但此类区域治安的稳定性同时也难以保障。行政边界处的乱象在该时代是较为普遍的，例如今粤地与赣南、闽西衔接处的连平、和平、平远、蕉岭（旧称镇平）等县，旧时即为人口流动频繁的地区，政府在这些地方治乱后通常独设建制、安抚地方，其地名中的"平"即表达出平乱后对地区稳定发展的期待。另一方面，东江属于粤北、粤东北与粤南联系的水上交通要道，客运货运多依赖此水系。社会稳定性不佳，加之客货往来繁荣，则贼盗亦繁，因此东江流域丘陵地带常多匪患。从明清广东省主要动乱分布状况来看，粤北、粤西大部分区域以及粤东、粤南的沿海地带匪祸频发，粤中地区唯东江流域多有山民起事 [17]。至清末，广东山区多盗匪，沿海多洋匪，土客矛盾多发的粤西多客匪、兵匪、会匪。其中，大规模盗匪多发于粤翁源、英德、长宁，小规模的盗匪常在东江一带流窜 [18]。夹于异文化锋面上的漫长水道固然难免乱象滋扰，却也因其纵贯粤地南北的优良连通性，激活了从粤北至珠三角沿岸经济文化的往来沟通，这一优势是梅江流域所不具备的。明清至今，东江流域各段航程流传着多个版本的《东江水路歌》，唱出船工、商人、旅客在东江上的长途航程指南——"芬沙石角水又急，合水横州拦江河""黄沙糖甜好做饼，河源花塔上京都""鹅颈上坝九宫庙，乌坭广班唱戏歌""担竿来挑禾溪坝，脚踏洪军义合场""住在仙塘多财主，几多世间古文章""三王爷爷多保佑，河源花塔映双江""蓝田地运三六九，买便猪头祭龙王""虎头岗过陀城塔，龙川城廓好风光""果然珠江好地方，望见广州是番禺"……这些水路歌记录着沿江的各个交易重镇、险滩、歇脚点、土匪出没之地、含塔寺戏台的游憩地，以及地方特产、经济水平、风土民俗等。歌曲的流传亦彰显了由水路串联起的地域经济文化联合体的成形与发展。

梅江流域与东江流域具有截然不同的自然地理结构以及地缘经济文化区位，两流域内的客家文化分异不仅体现在语言上，亦映射于空间经营理念。但是，两地域之间并非隔离状态，而是在明清之际就已形成人口与经济的往来。亦因此，我们可以通过时空流动观察，发现不同民系之间以及民系内部不同支系的文化传播与互鉴。

4.2　定性分析思路与空间采样

广东一地是客家在大陆地区南向迁徙的重要端点，此地客家村落与建筑的形态在其既往类型的基础上又出现了较为丰富的变体。本章将聚居空间形态析分为自然村域内的聚落群体和较小尺度的建筑单元两个层面，分别进行初步的类型挖掘与空间分布定位，通过迁徙路径的关联分析，探讨空间类型的文化关系与地缘关系，为后续章节的量化模型分析提供有效的支撑。

类型学可以定义为按照相同的形式结构对具有特性化的一组对象进行描述的理论 [19]。类型即一类事物的普遍形式，可以将具有相同本质的多种表现形式进行统一表达 [20]。从这一点出发，类型学为我们指出了一种认知复杂事物的降维思想。类型学将事物的复杂维度降低，抽取其本质，通过限定类属间的区别性因素来进行类型的划分，根据类型之间各要素属性的异同关系探讨类型之间的关系，进而研究类型的可变性与过渡性问题。

类型的划分逻辑也是各类型特性的描述逻辑。在本章中，形式分类的核心目的是探索类型之间的关联，串联类型发展的脉络与环境关系。因此，本章并未采用某种具体的形态名称，而是采用由形态整体拆分开来的一系列空间属性来描述定义各种类型。为有效辨析类型之间的差异和关联，所采用的空间属性脱离了具象的形态而强调高度抽象的空间组织结构。对于任意两空间形态样本点，如果各项属性一致，即为相同类型；如果 50% 以上的属性相一致，可视为相似类型；如果 50% 及以上的属性不同，则视为相异类型。针对任意一组空间上连续分布的样本选点，可根据各样本之间类型的相同、相似或相异的关系，辨析空间发展的承袭性、交融性和分异性。

在选择空间样本点时，所针对的县市空间为客家人口占 15% 以上的相互接续的区域，即图 4-1 中五级梯度色标识的连片区域（乳源、连南瑶族自治县除外）。具体到镇区级别的空间采样时，由于广东较少出现同镇、同区多民系混居的现象，所以除对图 4-1 所示一级纯客住区进行直接采样以外，其他各级区域依据广东客家方言的地理分布格局记录来界定局域客住镇区范围，进行空间采样，并作类型标记。各样本点的类型标定主要依据样本点周边约 20km² 范围内（相当于 1-2 个行政村的空间尺度）的主要空间形态类型来确定，并不指示区域内出现频率极低的个例类型。

4.3　同民系文化的空间异象——村落组织

4.3.1　村落形态分异

客家群聚性的居住模式使每个围居建筑单元的面积和人口承载量或可近似于北方的一个小型村庄。此节所分析的客家村落形态是指由多建筑单元所构成的单个自然村的形态，非围居建筑单元，亦非由多个自然村形成的村落群。

村落形态应通过何种特征属性区分界定？在回答这个问题之前，我们需要明确控制群体形态的特征属性究竟决定了什么。它们决定着在既定的环境基底内，新增建筑单元的环境区位，以及新增建筑单元与附近原有单元的几何空间关系。环境区位属性表现为定居位点与方位、地形、水源、主干交通途径等要素的对位或距离关系，单元间的几何关系属性则表现为相关单元间的距离关系。为使聚落形态类型的划分不过于细碎，在形态特征初步探索阶段，我们不妨选择既往聚落研究较为常用的，且在研究区域具有较强区分度的三种空间关系属性——方位（a—单元有无特定朝向）、地形（b—单元所处地形特点）、单元间的最近距离关系（c—单元间距）——来为宏观村落形态进行定性，根据三种属性的不同特性组合来归纳聚落基本类型。聚落的生长实为在某种原则控制下因环境条件而自行塑造其特定形态的过程。基于这一思路，我们可以摆脱纯粹几何形态表象的迷惑，超越既往研究中经常出现的"团块式""条带式""散点式"等纯形态化判别标准，挖掘空间形态的环境关系本质。

基于村落样本逐点观察，各村的聚落空间组织模式大致展现出 11 种类型（表 4.1），各聚落类型的地理空间分布见图 4-5。

广东主要客住区传统聚落类型　　　　　　　　表 4.1

类型	属性描述			模式图示	实际样例
	a 单元有无特定朝向	b 单元所处地形特点	c 单元组团间距（单位：m）		
A	无	山麓	100~350	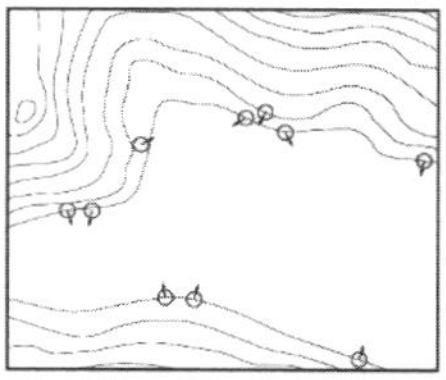	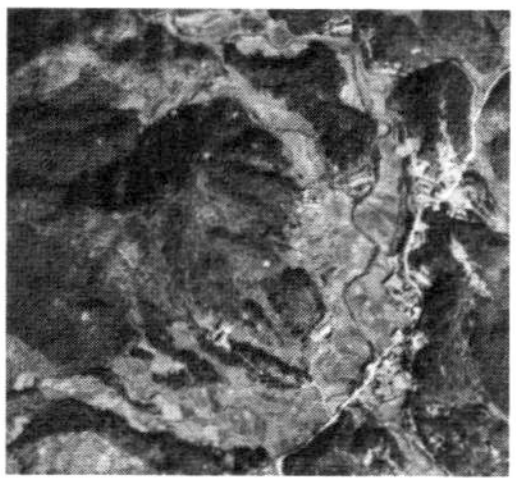
	分布区域：东江上游定南水流域、石窟河上游、凤江（黄冈河）上游山区、梅江中游、增江中上游				
B	有（偏南）	山麓	< 50	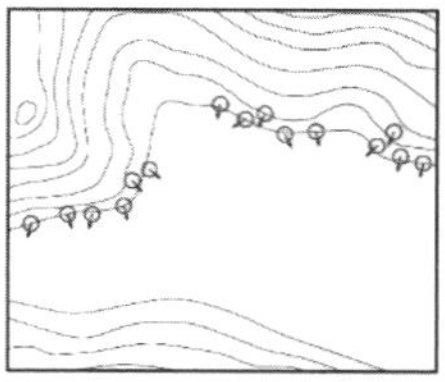	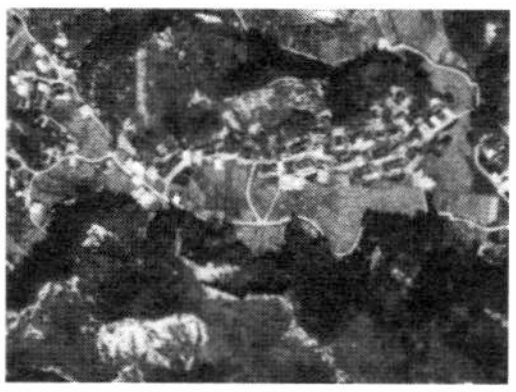
	分布区域：梅潭河流域山区、梅江下游				
C	无	山麓	< 50	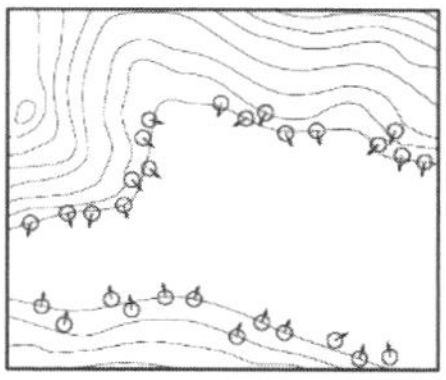	
	分布区域：梅县西山区、梅江上游、琴江流域、梅循道、五华山区、东江上游山区、秋香江中游				

| 类型 | 属性描述 | | | 模式图示 | 实际样例 |
	a 单元有无特定朝向	b 单元所处地形特点	c 单元组团间距（单位：m）		
D	无	山麓＋平地	＜50	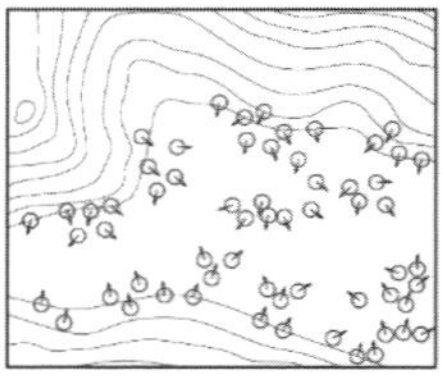	
	分布区域：梅江上游五华盆地区、秋香江上游				
E	有（偏南）	山麓＋平地	＜50	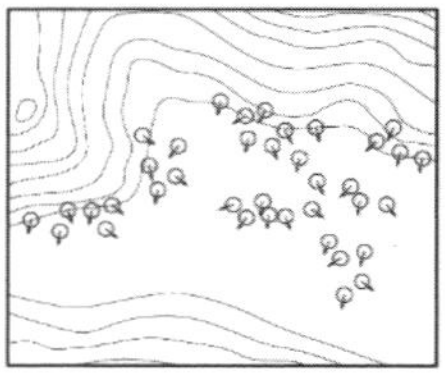	
	分布区域：梅潭河流域、韩江下游				
F	无	山麓＋平地	50~100	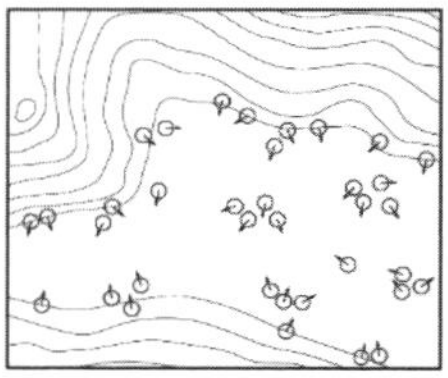	
	分布区域：韩江中上游、梅江中游、新丰江上游、梅循道、紫金县				
G	无	山麓＋平地	100~350	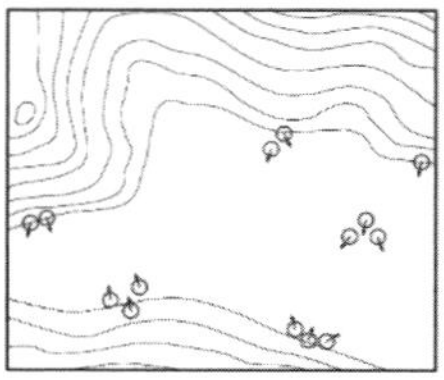	
	分布区域：东江上游寻乌水流域、凤江（黄冈河）上游、梅江中游盆地、石窟河流域、榕江上游、东源县西、西枝江—淡水河流域、石马河流域丘陵区				

类型	属性描述			模式图示	实际样例
	a 单元有无特定朝向	*b* 单元所处地形特点	*c* 单元组团间距（单位：m）		
H	无	平地	< 50	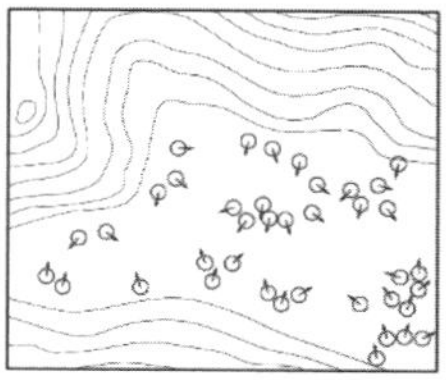	
	分布区域：韩江中下游产溪盆地、榕江上游、陆河上游、东江中下游博罗段				
I	无	平地	100~350	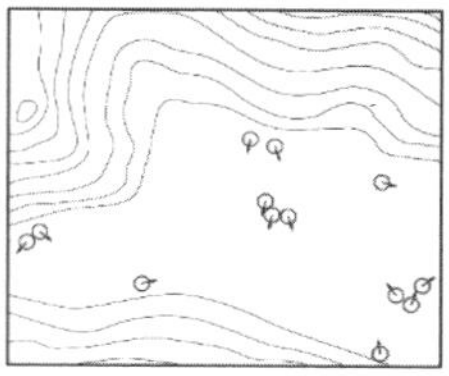	
	分布区域：梅江下游、宁江流域、梅循道、新丰县西部山区				
J	无	山麓＋平地	150~500	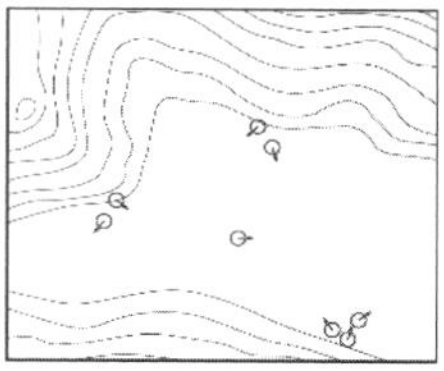	
	分布区域：东江上中游、西枝江流域、淡水河流域、石马河流域、寒溪河流域、洋涌河流域				
K	有 （偏南）	平地	150~500	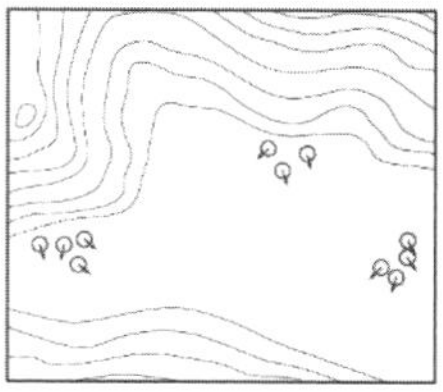	
	分布区域：北江上游、连平河流域				

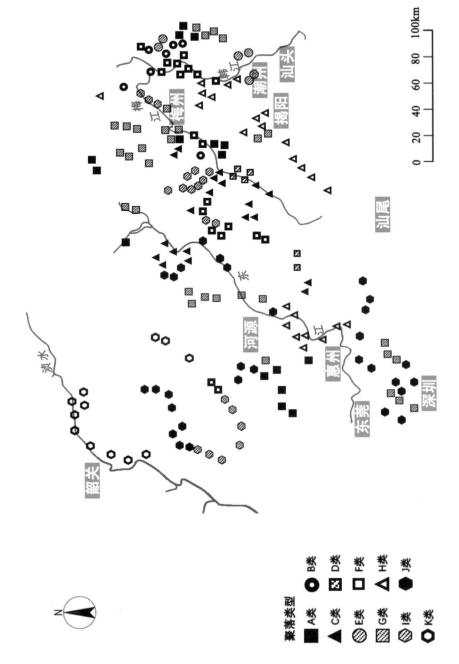

聚落类型

■ A类	● B类
▲ C类	◉ D类
◍ E类	□ F类
▨ G类	△ H类
▦ I类	⬢ J类
⬡ K类	

图4-5 广东主要客住区传统聚落类型的地理分布

演化与复现——粤地传统客家村落时空动态模拟

村落形态类型在地理空间的分布显示出有趣的特点：一是村落形态类型呈现同片小地域内群集现象；二是在地理位置上相邻的不同类型村落集群，两两之间属性相似程度并不高；三是同类型村落组团的地理分布无明显的连续性，呈现分散化的现象。在各个具有不同环境特性的小流域，村落呈现不同的空间组织模式，这种现象暗示了迁徙民系的村落建设具有客体融入生存环境的"在地化"倾向。

顺沿迁徙路径观察，中路的"大埔—梅县—兴宁—龙川—东源—博罗—惠阳—龙岗"一线，聚落依次呈现 F—I—G—C—I—C—F—I—J—G—H—J—G 的类型变换，其中除却 I—G、J—G 为空间上邻接的相似类型之外，大多数相邻类型属性迥异，类型之间的交融演化现象并不明显。类型的突变与分异现象亦出现在东路（变化类型：B—F—H—E，邻接类型几无相似属性特征）和西路（变化类型：K—J—I—F—J—A—H—J—G，仅 F—J、J—G 为邻接相似型）上。

不同村落的形态类型在迁移发展时序上无明显的承续或过渡关系，那么村落形态类型是否与所处的环境相关？首先，同类型村落所处的不同地理小片区具有较为相似的自然环境。例如 H 类型村落，其分布区域主要为韩江中游支流谷地平原、榕江上游支流谷地平原，以及东江中下游支流谷地平原，均为空间较为开敞的小冲积平原。另如 C 类型村落，其分布区域主要为梅县、五华、龙川、紫金等地的山间狭长谷地地带。其余类型不一一枚举。其次，在经济环境方面，学者周宏伟在《清代两广农业地理》一书中根据作物种类、区域粮食自给状况、农业商品化程度等因素将清代广东农业划分为 7 个主要区域 [21]。如果将该农业分区界线叠合入广东客住区传统村落类型的地理分布，可发现该经济分区界线与部分村落类型边界重合或近似重合（图 4-6），体现出村落形态模式与社会经济环境的相关性。更进一步，从单村动态发展角度细究，在村落内部，一旦宗族经济依托发生转变，那么村落的空间生长逻辑也会相应改变。例如梅县侨乡村，在 19 世纪发生经济依托由农资转向侨资后，新生建筑与原有建筑相比，在空间选址上对旧日的依山节地原则基本不再着重考量 [22]。

前述村落分类所析出的三个主要空间关系属性——朝向、地形、间距——概略地反映出人们对人地自然关系，以及家族内部、不同家族之间的经济社会关系

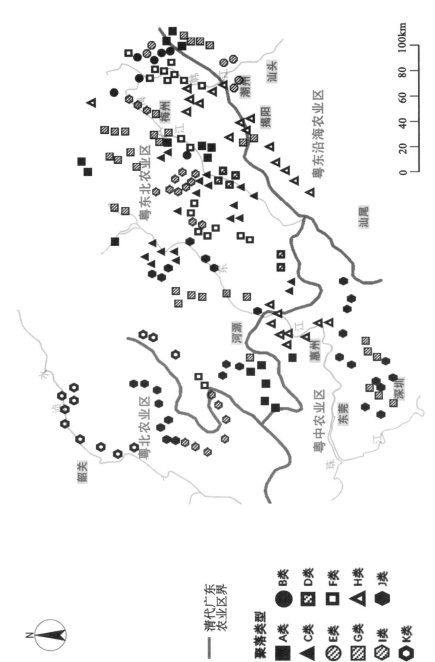

图4-6 不同农业分区的聚落类型

的处理态度。由村落形态类型时空发展的地理分异情况可见，人们在进行自然村尺度的空间经营时，面对山地、丘陵、平原等不同的自然地理环境，基于农业、农商结合或其他不同的经济结构，选择适地性的空间发展模式，并随外部自然、经济、社会各种环境（如地形水文条件，当地资源的供给量，农业、手工业、商业的相对发育程度，人地比例，宗族间或民系间的关系，宗族内部析产原则等）的改变而变通调整，并未刻意拘泥于某种固定的文化偏好。

4.3.2 异型村落的地缘组织

村落向何种经济文化结构发展，这个问题可能不仅仅取决于村落本体的自然环境区位。如果将村落与大的地域经济环境联系来看，或可发现一定的规律。

以粤东北河源地区为例。

明清之前，广东地区的经济发展处于起步阶段，明崇祯《博罗县志》中，对于封建时期传统乡村墟市有如下描述："日中为市，以所有易所无，不过麻枲菽粟民生日用之常。"届时正值粤北河源地区客民大量迁徙更迭之际，因受生产力及地域经济发展的限制，商品经济的主体与内容主要为小农及其生产的剩余产品的内部交换，且交换内容仅为以所有之物换所需之物。

入清以后，粤北河源经济发展迅速，雍正《连平州志》记载："封域不广，又非辐辏之区，商贾贸易者鲜，市虽数处，俱系粮田，灌溉不及，弃之则粮无所出，因设墟以输饷，俾民间有无通易，亦权宜之策云。"此阶段农民已有较多剩余，物品可供买卖，交易规模的扩大显然是生产力发展的自然结果，村落之间的墟市逐步建立，但未形成完整的墟市网络。

康熙年间开放"海禁"以来，整个东江流域经济发展迅速。至雍乾时期，随着粤北山区的高度开发，河源地区形成了完整的网状经济链条脉络。清朝中叶，粤北山区的商品贸易空前发展，而河源市的多数墟市也在此阶段形成。乾隆《河源县志》记载："凡粤东贸易之所，多名为墟。各立限期，或三日一聚，或五日一聚。所谓'有人则满，无人则墟'。间有开列廛肆，无间晨夕，如他省之为市者，亦或市与墟兼之。常日为市，至期则益以墟也。"墟市根据不同等级与需求，以三日或五日的频率举办大型商贸活动，无论晨夕，墟市网络逐步形成，墟市网络与贸易活动愈发成熟。嘉庆《龙川县志》记载："通圜之地，带阓之间曰有市焉，集货如蝇，集人如蚁，交易而退定之日中犹古尘法遗意焉，顾市而曰墟。何也？墟者，虚也，就乡曲而言也。通都大邑，日昃而市；百姓主之，朝时而市；商贾主之，夕时而市；贩夫贩妇主之，不但辐辏无虚日，并无墟时。若山径水湄之间，距城远或数里，或数十里百余里，三日一趁以寅申巳亥为期，故曰墟。以上文献从位点、规模、交通、功能组团、墟时等方面论述了封建墟市的诸多特点：墟市大多位于交通要道的核心节点，墟的概念是对于乡、村而言的商贸节点，商贸等级介于乡与都邑之间。百姓、坐商与行商均参与其中，可位于距城镇百余里的区位之上。

若中心市场可以满足区域的经济需求，在此条件下，不会催生中间市场（墟市）。只有中心市场的影响圈层所不能达的地区，则会催生多个墟市，其影响圈层与中心市场存在包含与部分嵌套关系，成为城与村的连接体[23]。

根据《广东历代方志集成》中各朝代关于建置与墟市的描绘，可以绘制河源地区各级市场及其影响范围。徐东升曾对于墟与市的区别给出过明确定义："粤俗以旬日为期，谓之墟；以早晚为期，谓之市。墟有廊，廊有区。货以区聚，盖犹有城遗制。市则随地可设，取便买卖而已。故墟重于市，其利亦较市大"，且"墟期以日利四方，市期以早暮利近地"。墟有固定屋廊，有固定墟期，而市则随地可见，随时可开；墟的影响力高于市[24]。结合墟与市的关系，等级为"市"的划分为次级中间市场，而等级为"墟"或"大墟兼市"的则划分为一级中间市场。

次级中间市场（市）规模较小，但承担了村落商品集散与周边村落交流的媒介。故次级市场的影响范围参考古时行商挑担的1-2小时脚程，半径为5km。

一级中间市场（墟）规模较大，取3-4小时脚程10km作为一级中心市场的影响范围半径。

河源域内，在墟市等中间市场之上存在等级较高的中心市场共4个，分别为古河源县城、蓝口墟、古龙川县城及古和平县城。四者除商业职能外，均有行政职能。根据各县志中舆地图以及各中心市场的服务范围统计，将其影响范围半径设定为 20km，其中蓝口墟的行政职能较弱，影响范围半径定为 15km，介于中心市场与一级中间市场之间^[25]。

在此范围内进行部分样本村落地理环境与文化经济模式的深入调查，标记于图 4-7，可以发现以下规律：①近中心市场的山间盆地／干、支流河谷地带的村

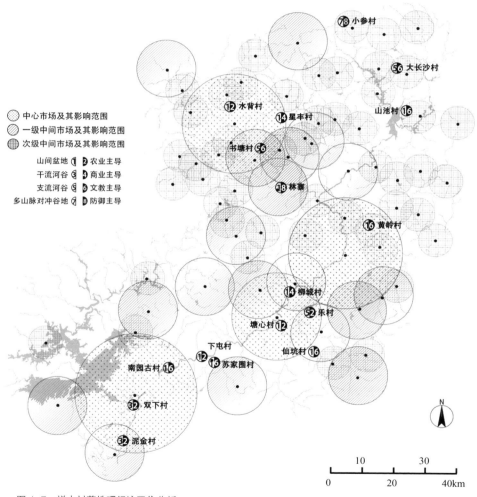

图 4-7 样本村落地理经济区位分析

落具有较强的农业主导发展倾向；②处于多级市场交接处的山间盆地，易生成商业主导发展倾向的村落；③在各级市场边缘地带的山间盆地，易生成文教主导发展倾向的村落。

4.4　同民系文化的空间异象——建筑形态

4.4.1　建筑形态分异

受中国南方盛行的大宗族组织模式和广东地域社会安防环境影响，广东的传统民居——无论归属广府、客家还是福佬民系——多呈现格局规划严整的合围建筑组群形式。学者陆琦、陈家欢在《广东围居》一书中将"围居"的模式归纳为4类：围屋、围村、围寨、围楼[26]。这4类围居是广东全域传统民居建屋形制的概括，在3支主要民系之间并没有绝对的类型对应关系。在对客家民居的研究中，学者吴庆洲将广东客家建筑划分为杠屋、堂屋、围龙屋、围楼、城堡式围楼、围村、碉楼、自由式围屋等8类建筑形式[27]。

无论从无民系差别的宏观视角进行的围居形式分类，还是针对客家一系所做的具体建筑形式分类，其定义思路主要依托民居特征要素，类属间的界线均较为明确，不易表达空间演化过程中类型间的关联与变异。转换一下思路，我们不妨不拘泥于"要素"本身，而通过安素关系属性定义单元特征，根据属性集合表现划分民居单元类型。综合广东各地客居的形态表现，选取以下关系属性对其进行形制模式定义：a—相对规模（大｜中｜小）、b—组织结构（规则｜不规则）、c—中轴（实轴｜虚轴｜无轴）、d—轴边侧建筑或合院的小分轴与中央主轴的对向关系（垂直｜放射｜平行）、e—围合体（有｜无；高｜低；墙体｜建筑｜混合）。

由以上属性的不同特性组合，可对广东客家建筑单元形态进行初步分类（表4.2）。各类建筑的地理空间分布见图4-8。

広東主要客住区传统建筑单元类型   表 4.2

类型	属性描述					模式图示	实际样例	主要分布区域
	a 相对规模	b 组织结构	c 中轴	d 对向关系	e 围合体			
A	大	规则	虚轴	放射	有｜高建筑	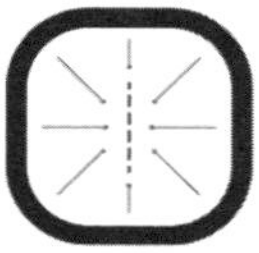		梅潭河上游、凤江（黄冈河）上中游
B	大	规则	虚轴	放射	有｜低混合	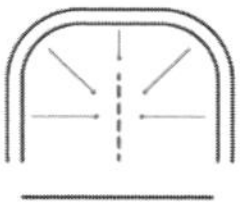	 	梅潭河上游、凤江（黄冈河）上中游
C	大	规则	实轴	垂直	有｜低混合	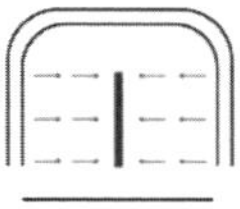		韩江上中游、宁江流域、石窟河流域、梅江流域、梅循道
D	小	规则	实轴	垂直	无	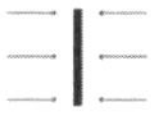		汀江流域、韩江上中游、梅江流域、平远县、梅循道
E	中	规则	实轴	垂直＋局部平行	有｜高建筑		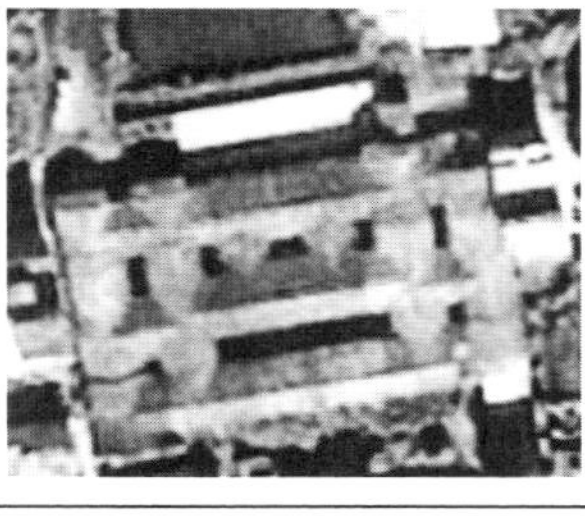	宁江流域、梅循道、新丰江流域、东江上中游、西枝江—淡水河流域、紫金县、龙门县

类型	属性描述					模式图示	实际样例	主要分布区域
	a 相对规模	b 组织结构	c 中轴	d 对向关系	e 围合体			
F	大	规则	实轴	垂直+局部平行	有|高建筑			新丰江流域、东江上中游、西枝江—淡水河流域、榕江上中游
G	大	不规则	无轴	—	无	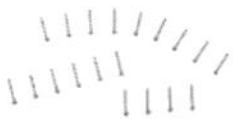		北江中上游、增江中上游、东源县西、翁源县
H	大	规则	虚轴	平行	有|低|混合	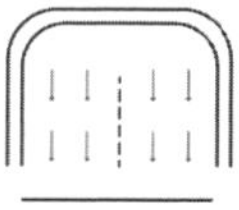		榕江上中游、韩江中下游
I	大	规则	虚轴	平行	无			北江上中游、增江中上游、东江中下游、石马河流域、寒溪河流域、洋涌河流域

类型	属性描述					模式图示	实际样例	主要分布区域
	a 相对规模	b 组织结构	c 中轴	d 对向关系	e 围合体			
J	小	不规则	无轴	—	无			琴江流域、东源县西、博罗县、翁源县

由建筑类型的地理分布来看，南北向相对连续分布的空间样本点主要呈现建筑类型的承袭，如自韶关东至深圳西一线、东江上游至深圳东一线等。而东西向相对连续分布的空间样本点主要呈现建筑类型的交融过渡，东江、梅江、韩江三个大流域之间类型差异明显，在异流域交接区间出现类型间的互通与过渡。局部地域呈现明显的异类共处现象，如南部近海地带。

我们不妨通过迁徙水路来串联各客住区域，梳理广东客家建筑形制演化的时序关系。

东水路包含主副两线，主线为南北向的"汀江—韩江"流域，副线为饶平域内南北向的凤江（亦称"黄冈河"）流域，主副线之间由东西流向的梅潭河沟通。主线呈现 C 类型和 D 类型，副线呈现 A 类型和 B 类型。副线上的 A 类型主要承袭闽西客居的基本模式，副线上的 B 类型采取了副线 A 类的内芯与主线 C 类的外围，主线上的 C 类型采取了副线 B 类型的外围与主线 D 类型的内芯，B 和 C 均为两线间形式结合的过渡产物，反映出梅潭河在主副两线间的沟通作用。主线和副线在南部下游段逐渐融合，融合后建筑组织形制均向 G、H 类型突变性转向。

中水路是 3 条路径中流域较长、分支较为复杂的一路，呈"丫"形路径。"丫"

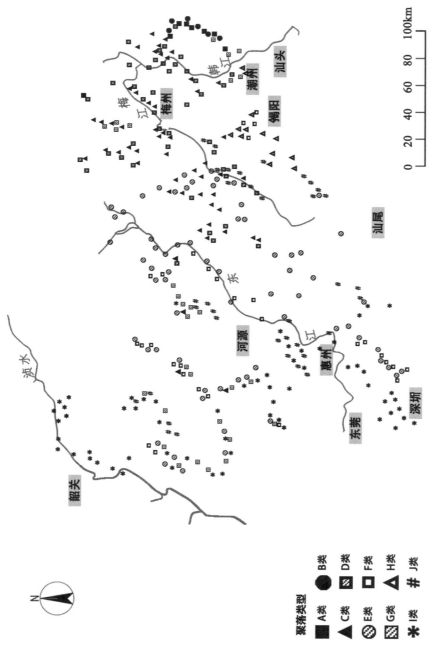

图 4-8　广东主要客住区传统聚落类型的地理分布

聚落类型
A类　B类　C类　D类　E类　F类　G类　H类　I类　J类

形路径的东上线（即梅江一线）与前述东水路由梅江连接，其间存在梅县、大埔县两个重要节点。据县志记载，梅县、大埔县两地商业往来甚密，亦存在人口双向迁移现象。一定数量的大埔县人由梅江向西，过梅县、兴宁，远至龙川县老隆、蓝口等地经商；同时，部分梅县人亦顺梅江过大埔入韩江而下，至潮汕地区发展。因此，中水路东上线建筑形制与东水路主线上的极为相似，均以 C、D 类型为主。"丫"形路径的西上线（即东江上游）以 E 类型为主。东西上线类型的差异使"丫"形路径的交接部（兴宁、五华、紫金、龙川交界处）的建筑类型较为多样，表现为 C、D 类型逐渐消遁，其中 D 类型消隐得较早，而 E 类型逐渐增多。由"丫"形路径交接部沿东江南行，在龙川、东源域内以及其西部相邻的连平、新丰域内开始出现 F 类型，呈 E、F 并行状态。该状态在博罗段被中断，而在东江下游惠阳、龙岗区域又复现。

西水路沿北江流域东侧的丘陵山区推进，主要呈现 I 类型建筑组织形制，且保持相对稳定。在上游区域略间杂 G 类型，在下游区域略间杂 J 类型。

通过以上梳理，大致可确定：首先，广东客居建筑组织形制在南北向主干流域通常保持全流域连贯稳定的传播特征，只是在河流下游地区会发生一定的类型转向，如果不出现外界干扰，东水路上的 A 类型、C 类型，中水路主干上的 E 类型、F 类型，西水路上的 I 类型，很可能沿主干流域保持稳定延展传播；其次，通过河流支流和陆路要道的连接，建筑类型在东水路和中水路之间较长的腹地区域出现相向渗透，表现为 B 类型、C 类型、D 类型、E 类型等过渡类型的大量衍生，实际上 A 至 F 类型间顺次相邻两两相似，每种类型几乎都可作为其前后类型之间的转换媒介，顺沿迁徙空间时序观察 A 至 F 类型的演变，渐次表现为围合防卫程度的先渐弱后渐强，中轴由虚转实，单元由放射组织转向垂直于中轴组织，建筑规模先减缩后膨大；最后，虽然前述两点体现粤东北河谷地客家建筑组织形制在南北向的承袭性与东西向的交融性，然而，建筑类型在粤南、粤西谷地平原交接区域出现相对突变式分异，这一交接区域也正是客家民系与广府、福佬民系的文化直面交锋地带。

4.4.2 显性的形态变异及其文化暗示

定义各类型建筑所采用的各种要素关系属性具有相应的社会内涵。

"相对规模"的大小对应宗族经济组团的黏合程度和经济实力。这一对应关系较为显性，不需详细展开。总体来看，广东客家家族组织规模通常较大，只是在琴江流域和梅江流域腹地等相对较少外扰地区出现大量中小规模围居，反映出谋求组织独立的家族单元在人地矛盾突出的环境下自身发展的较大局限。

"组织结构"的规整程度对应宗族组织强度。一般情况下，规则组织的围居内只容本姓族人，居住分配以近中轴者为尊。如果以居中轴面入口的方向站位，则轴侧各部以后为尊、以左为尊，按此规则排列长幼兄弟。与其相对，组织结构较为松散的围居不一定为单姓围居，或可容纳多姓居住，其中布局分配并无特定规则可循。这种松散结构的围居边界较为模糊，"围"墙体或已不存，或许正是多姓逢乱联合，平乱后各自为政的组织形态的体现。广东客家围居以严整性组织结构为主，在与广府、福佬民系交融地带结构相对松散。

"中轴"的显隐对应宗族房系发达度。显性中轴即为祠堂。在一个村落中，每生长出一个围居即代表宗族内部一个房系的生成。如果该房系在经济、人口等方面发展壮大，形成独立的系统单元，便可在围居内设从属于宗族的房支祠堂，供奉房系所属围居的开基祖先，年节时先于自居祭拜本房系祖先，再至宗族先祖祠堂祭拜；如果该房系在经济和组织上仍依附于宗族，则不设本支祠堂。围居内中轴祠堂的显隐，实际暗示着地方宗族组织结构的层级。宗族房支发达，各围居设祠，宗族呈现"大宗族—小亲族—个体家庭"的结构。宗族房支薄弱，小围居内不另设祠，宗族的组织层级便趋简化。从围居形制类型的地理分布来看，"中轴"祠堂的显隐，与围居组织严整规则性的强弱基本同步变化。

"对向关系"既对应宗祠的经济文化凝聚力，也体现日常与非日常生活之间的融合程度。客家与广府、福佬民系在围居结构组织上的一大显著分异，就是客家围居的住屋或居住合院单元通常强调面向祠堂排布，而广府、福佬民系围居内居住单元轴线常与祠堂并行，或者不在围居内设祠堂。沿海部客居朝向的转变或与异民系文化交流相关。不过有趣的是，梅江流域和东江流域腹地内的客居在这方面也呈现出微妙的差异：梅江系以分轴垂直对向主轴为主，而东江系呈现近主轴处的住屋分轴平行于主轴、远主轴处的住屋分轴垂直于主轴的形式。东江系住屋分轴平行于主轴，意味着联系住屋的通路方向垂直于主轴、具有贯穿主轴的需求和能力，从而具有联系主轴两侧空间的机能，实际上确实如此——主轴承载着祭祀、家训、典礼等非日常活动，围居通路穿越主轴，意味着宅与祠、日常活动与非日常活动的进一步交融，祠堂的天井、中堂、下堂亦承载围居内的劳作与家常。至于梅江系，住屋分轴垂直于祠堂主轴，住屋通路与主轴平行，祠堂与住宅区之间多由常闭式侧门分隔，人们日常由通路直接出入围居而不取道祠堂，祠堂成为精神的归属中心而非日常生活的中心（图4-9）。

"围合体"对应防御强度与空间延展特性。从类型组合方式来看，"对向关系"的变化与"围合体"的变化亦存在相关性。日常与非日常生活的交融通常对应其外围合体的高防御性，而异质活动的空间隔离一般对应其外围合体的低防御性。据前文关于梅江系与东江系的地缘文化分异分析可知，东江系的社会治安环境是相对恶劣的。或许正因为此，东江系腹地客民建起堡垒性的围合体，将家族的日常与非日常生活交织于一体，关起门来，内部沟通流动自由，便于高度封闭式的生活与防御行动组织。随着围合体的封闭性和防御性加强，建筑空间的增殖模式也发生变化。当人口增长、居住空间需求增加时，围合体较弱化的围居会在外部向心逐层建立新的半圈层或圈层片段，对旧围形成半包围态势，相邻新旧围体间距较小，通常为天街通道，在端口设墙门封闭，新围拓展层数无明确限制。与其不同，围合防御性较强的围居会在外部再建一道强防御性围体，新围体或采用自闭合结构来将旧围包裹其中，或采用半包围结构、结合旧围的正面围体形成闭环，新旧围层之间空间较大，多根据需要在此空间逐渐加设排屋，新围一般只增殖一次，少数增殖两次，空间延展层数被严格限制，展现了建屋之初对家族远景发展规模的规划限制思想（图4-10）。

总体观之，各种客家围居类型沿迁徙路径的承袭、交融，以及在迁移尽端的分异，实际上体现的是宗族内部经济文化生活组织关系的延续或转变[28]。从时空

a. 梅江系围居空间组织模式

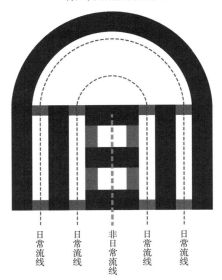

日常流线　日常流线　非日常流线　日常流线　日常流线

b. 东江系围居空间组织模式

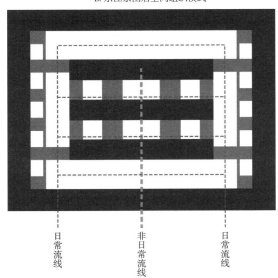

日常流线　非日常流线　日常流线

图 4-9　建筑平面形式差异

a. 梅江系围居平面拓展逻辑

b. 东江系围居平面拓展逻辑

图 4-10　建筑平面拓展逻辑差异

发展关系来看，在纯客住区内，客家家族内部的组织关系较为稳定，在外部条件变化的情况下亦可缓和过渡。而在"广—客""潮—客"文化锋面地带，外部环境刺激明显，易引发家族内部的经济文化组织关系突变。

4.4.3　东江流域相对稳定传播的建筑形制

如果从建筑类型层面来分析文脉的地理推移，可发现梅江系的嬗变性和东江系的相对稳定性。

东路梅江系客家建筑多有文献研究，在此不赘述。据前节分析可见，其形制较为复杂多样，并无定式，核心区域以广东客家特有的平面呈马蹄形的围龙屋、杠屋为主，向东集成闽西的半月楼格局和本土的堂横屋单元，向西融入东江流域的堂横屋结合方围四角楼体系。

中路东江系客家建筑与梅江系客家建筑较大的分异在于围体形态格局的变化和内部的流线组织。《中国客家建筑文化》对粤、闽、赣、川、桂、港、台各地客居分别进行了分类介绍，值得注意的是，在类型陈述中，略论及深港城堡式围楼形制源流——"城堡式围楼，是在围龙屋的基础上，吸取了四角楼的防御特色而形成的新型围楼……主要分布在东江流域和深港地区"[27]。这一观点既在形制上将南粤客家城堡式围楼与赣南四角楼联系起来，也在地缘关系上提出了东江关系链。赣南、粤南以及连接其间的东江文化区应可构成民居模式在地理上的传播途径。但目前对该途径上的客居研究尚呈现两端强而中间弱的情况，即针对赣南和粤南的客家围居多有调查论述，而关于东江流域的客居研究尚较为零散，致使这一民居类型的流播关系未能清晰呈现。

前文所列 E、F 两种类型围居较为相似，只是在尺度上有所区别，两者可综合对应"城堡式围楼"定义。根据客家建筑类型的地理分布可见，E、F 型围居（城堡式围楼）是东江流域的主流建筑类型。根据客家人口迁移溯源，基于 4.1.1 节关于东江线迁徙节点的分析，在各节点区域选取龙南县新围村，定南县修建村，和平县林寨兴井村，龙川县黄岭村、左拔村，东源县乐村、塘心村、下屯村，源城区泥金村，紫金县群丰村，惠阳区秋长街道，坪山区坑梓街道，龙岗区龙岗街道，作为具体的采样位点（图 4-11）。从各村镇、街道选取代表性的客家城堡式围居样本，进行图解表达和对比分析。为简明清晰地表达建筑组合体的空间关系与体量，图析时采用统一比例，将各围居样本通过具有要素区分性的平面肌理图以及主立面图进行表达（图 4-12）。

根据图示对节点围居形制进行空间形态属性的分解定性（表 4.3）。

图 4-11　赣南及粤东江流域村落与街道选点

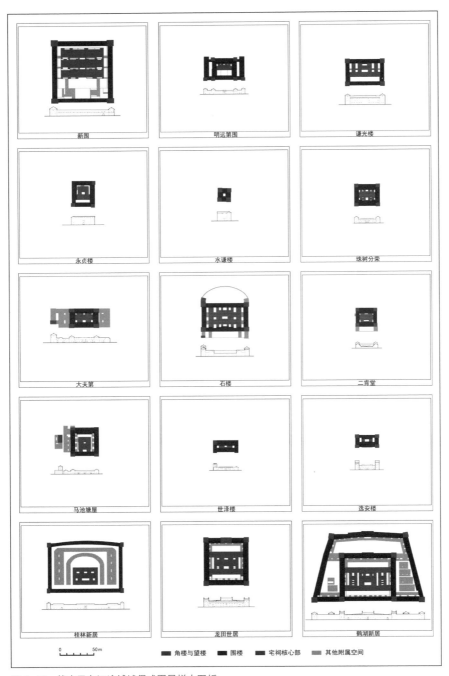

图 4-12　赣南及东江流域城堡式围居样本图析

　演化与复现——粤地传统客家村落时空动态模拟

表 4.3

各围屋属性分析（由北至南排序）

围楼名称	所属地区	祖先源流信息	建成年代	围合数	外围层数	角楼层数	角楼个数	是否有望楼	是否有中心宅祠组团	宅祠组团模式：杠式/堂屋式/堂横式	外围与中心宅祠组团的关系	外部是否存在非围合性增殖拓展
新围	江西赣州龙南县关西镇新围村	徐姓 江西吉安万安县	道光七年（1827）	1	2	3	4	否	是	堂屋式	分离	否
明远第围	江西赣州定南县修建镇	谢姓 不洋	道光廿六年（1846）	2	2	3	6	否	是	堂屋式	融合横屋 堂屋	否
谦光楼	广东河源和平县林寨兴井村	陈姓 福建宁化石壁村	民国九年（1920）	1	3	4	4	否	是	堂横式	融合横屋 堂屋	否
永贞楼	广东河源和平县林寨兴井村	陈姓 福建宁化石壁村	乾隆五十九年（1794）	1	4	4	4	否	是	堂屋式	融合横屋	否
水谦楼	广东河源龙川县黄岭村	叶姓 广东河源和平县、梅州兴宁县	同治十三年（1874）	1	5	5	4	否	否	无	—	否
珠树分荣	广东河源龙川县黄岭村	叶姓 广东河源和平县、梅州兴宁县	清末	1	2	4	4	否	是	堂屋式	融合横屋 堂屋	否
大夫第	广东河源龙川县左拔村	曾姓 梅州五华县	道光十四年（1834）	1	2	3	5	否	是	堂屋式	融合横屋 堂屋	是
石楼	广东河源东源县乐村	张姓 广东梅州兴宁县	光绪十三年（1887）	1	2	3	8	否	是	堂横式	融合堂屋	否

围楼名称	所属地区	祖先源流信息	建成年代	围合外围楼层数	角楼层数	角楼个数	是否有望楼	是否有中心宅祠组团	宅祠组团模式：杠式/堂屋式/堂横式	外围与中心祠组团的关系	外部是否存在非围合性增殖拓展
二肯堂	广东河源东源县塘心村	陈姓 江西赣州龙南县	同治八年（1869）	1	2	4	否	是	堂屋式	融合横屋堂屋	是
马池塘屋	广东河源东源县下屯村	阮姓 福建漳州龙溪县	乾隆十四年（1749）	1	1	3	是	是	堂屋式	融合横屋	是
世泽楼	广东河源东源城区泥金村	黄姓 福建漳州龙溪县	民国初期	1	2	1	否	是	杠式	融合横屋堂屋	否
逸安楼	广东河源紫金县群丰村	刘姓 广东梅州兴宁县	民国初期	1	4|5	4	否	是	堂屋式	融合横屋堂屋	否
桂林新居	广东惠州惠阳区秋长街道	叶姓 广东梅州龙川县	乾隆十七年（1752）	1	3	4	否	是	堂横式	分离	否
龙田世居	广东深圳坪山区坑梓街道	黄姓 福建漳州龙溪县	道光十七年（1837）	1	3	4	是	是	堂屋式	融合横屋	否
鹤湖新居	广东深圳龙岗区龙岗街道	罗姓 广东梅州兴宁县	一期：乾隆六十年（1795） 二期：道光三十年（1850）	2	2	8	是	是	堂横式	分离	否

如果将表4.3纵向观察，城堡式围居样本显示出以下属性偏好：围合数呈现一重围、二重围2种形式，以一重围居多；外围楼层数出现1～5层多种情况，以2层、3层居多；角楼层数出现2～5层多种情况，以3层、4层居多；角楼数量多为四角楼，偶有增删；围楼后部出现望楼的情况较为少见，一般出现于深圳地区；绝大多数城堡式围居的核心部设有中心宅祠组团；宅祠组团的模式多为堂屋式或堂横结合式；中心宅祠组团在少数情况下与外围楼呈现分离的关系，但在更多情况下，中心宅祠组团与外围楼通过连廊或廊屋结合，使外围楼的片段融合了堂屋或横屋的形式功能，附属于中心宅祠；围楼建设完成后，再次进行空间扩张增殖时，一般会在原围之外以同心全包围式设置新围，较少出现非围合性的局部增殖现象。

如果将表4.3横向观察，不同空间属性之间显示出一定的关联性：角楼层数通常比外围楼的层数多1～2层；当围楼的用地规模较大且竖向体量较大时，中轴组团空间为宅祠结合式，住宅部多采用堂横结合，且中心宅祠组团与外围相互解离；反之，当围楼的用地与体量较小时，中轴组团仅为祠堂，不含居住功能，祠堂多采用堂屋式或不完整的堂屋式，而将部分堂屋功能和横屋功能叠加到外围楼中。

由赣南沿东江而下至广东深惠地区，东江流域一线的城堡式围居样本呈现出一定的形制调整。如果说围合数、外围楼和角楼的尺度、角楼的布局数量等属性展现了围居的防御强度，那么东江线城堡式围居样本总体的变化趋势为防御强度先渐次减弱，至河源行政核心区附近村落降至最低。此处围居的围楼与角楼较为低矮，或出现角楼数量缩减为一座（图4-13）。但是入惠州境后，建筑的防御性突变性地增强（图4-14）。与之相应，围居生活属性的强弱产生了相反的变化，先由弱渐强，生活空间与防御空间逐渐融合。但在惠深地区，围居的生活空间机能并未随着防御机能的增强而再次弱化，而是既提高防御性围楼的尺度，又将围楼的联排单间改变为联排三合天井院，兼顾防御需求与生活需求。再从各村落内围居的数量来看，城堡式围居在赣南的龙南县、定南县，粤北的和平县、龙川县和惠深地区较易搜寻到，但在东江中段，每村往往只出现1～3座。可能恰因为

图 4-13 河源市源城区泥金村世泽楼

图 4-14 惠州市惠阳区秋长街道周田村拱秀楼

单体防御性能的弱化以及分布数量的减少，赣南围屋研究者才忽略了东江中段区域围居，将深港地区的城堡式围楼视为赣南围屋跳跃式发展的产物。城堡式围居的生长并不局限在东江沿江区域。如果将视野延伸至相邻丘陵地区，可见和平县以西的始兴、翁源、连平、新丰各县亦存在与龙南、和平等地相似的大尺度高防御性围居。而在龙川、紫金以东的兴宁、五华等县，除其代表性的围龙屋外，也杂糅着与龙川、东源、紫金等地相似的中小尺度的城堡式围居。从村落族谱记载的祖先来源看，"龙南—和平""兴宁—龙川""兴宁—紫金"确为客家人入住东江流域的来源途径。在这些途径上，客家人并非完全进行单向迁徙，而是根据自然与社会环境的变化做相应流动[29]，从而使这些途径也成为东江文化模式与周边区域交流的主要路径。

4.5　小结

本章针对广东主要客居地及其边缘区域，梳理分析不同类型的聚落群体和建筑单体在地理空间上的分布，并顺沿客家迁徙路径对各类型进行时空串联，从自然村落与围居单元两个尺度层面辨析类型之间的关系，进而有以下发现：

一是民系内生文化对建筑形制的影响远超对村落组织的影响，人们在村落组织中更为侧重局域地区的社会经济与自然环境条件。静态表象上，建筑模式与村落模式之间并无绝对的对应关系，在空间上相接续的村落，其体现在建筑模式上的相似度往往比在村落模式上的表现更加明显。由此推测，迁徙中生存的客家，其民系源头文化与外界的环境不断碰撞磨合，在"村落"与"建筑"两个尺度层面的空间营造活动中，微观"建筑"模式决策更黏着于内生文化，而"聚落"模式决策更倾向于呼应因地而异的外部环境。

二是现时建筑类型的地理分布叠加民系的空间迁徙过程，展现了建筑类型的历时性文化发展脉络。韩江、东江、北江等南北向水脉促进了上游主要建筑类型向中下游的传播，各主水脉承载的建筑类型相互分异。韩江系建筑与东江系建筑之间由梅江、梅循道、琴江、秋香江等迁徙路径联系，建筑类型由东向西交融渐变，建筑的围合防卫程度的先渐弱后渐强，中轴由虚转实，单元由放射组织转向垂直于中轴组织，建筑规模先减缩后膨大。而北江系与东江系建筑文化的交融过渡性并不明显。

三是东江流域客文化区与梅江流域客文化区存在明显的文化差异，这种差异既源自客人来源区域的文化特征，也受到在地经济社会因素的影响。

四是建筑形制历时性的演化在"广府—客家"文化锋面(清远—花都—从化—增城)和"福佬—客家"文化锋面(饶平—潮州—揭阳—揭西—陆丰—海丰)上出现了质性突变,即"中轴主导空间组织"特性的急剧弱化,具体表现为中轴精神核心建筑的消隐,以及次级建筑群组与中轴的对向性的消失。建筑类型变化体现了宗族内部组织的变化,相对于客文化核心区,文化锋面上的客家宗族"房系"发达度下降,同时宗祠的经济文化凝聚力亦有所衰退。由此展现出客人进入广府、潮汕地区的边缘地带后,受异民系资本压制,家族发展受限、家族组织扁平化的变化态势。

五是相较于梅江系客村,东江系客村内的围居单元保持相对稳定的城堡式围居形态模式,只是因局域社会形势的差异而相应调整围居防御性能的强弱和此类围居的总量,而生活空间与防御空间亦与之同步进行解离或融合。

广东客家民系在较大的地理范围内铺开渗透,民系内部的不同分支在空间上延续拓展,继承之上有所变异,不同民系之间亦存在深入的交流渗透,其样本群体特征的适度复杂性使其成为较好的村落时空演化规律的研究对象。用类型学的观点来考察空间,我们不会专注于外在建构形式,而更加关注形式内在的共同本质问题。本章的探究进一步证明,聚居空间的文化属性基因依托于人、落点在建筑,社会自然环境属性基因依托于地域、落点在村落。从形态生成的过程来看,一个村落比一个建筑的成形过程更为客观、更具有规律性,因此,机器学习介入村落形态研究也具有更好的实施与应用逻辑基础。

参考文献

[1] 曾祥委. 何谓客家 [J]. 神州民俗(学术版),2012,196(5):5–18.

[2] 施添福. 从"客家"到客家(一):中国历史上本贯主义户籍制度下的"客家"[J]. 全球客家研究,2013(1):1–56.

[3] 施添福. 从"客家"到客家(二):粤东"Hakka. 客家"称谓的出现、蜕变与传播 [J]. 全球客家研究,2014(2):1–114.

[4] 黄志繁. 建构的"客家"与区域社会史：关于赣南客家研究的思考 [J]. 赣南师范学院学报，2007,28(04)：7-12.

[5] 詹坚固. 广东客家人分布状况及其对客家文化发展的影响 [J]. 探求，2012,209(4)：87-93.

[6] 曹树基. 中国移民史（第五卷）[M]. 福州：福建人民出版社，1997.

[7] 吴松弟. 中国移民史（第四卷）[M]. 福州：福建人民出版社，1997.

[8] 曹树基. 中国移民史（第六卷）[M]. 福州：福建人民出版社，1997.

[9] 罗香林. 客家源流考 [M]. 北京：中国华侨出版公司，1989.

[10] 温廷敬，刘织超. 民国新修大埔县志 [M]. 上海：上海书店·巴蜀书社·江苏古籍出版社，1943.

[11] 司徒尚纪. 岭南历史人文地理——广府、客家、福佬民系比较研究 [M]：广州：中山大学出版社，2001.

[12] 赵炳林. 秦代"五岭之戍"述考——兼与林岗等先生商榷 [J]. 中国边疆史地研究，2018,28(2)：35-43，213-214.

[13] 司徒尚纪. 广东文化地理 [M]. 广州：广东人民出版社，2001.

[14] 刘丽川. 深圳客家研究 [M]. 深圳：海天出版社，2013.

[15] 曾祥委. 清初新安迁海复界后的客家移民潮 [J]. 客家研究辑刊，2011,38(1)：70-78.

[16] 水利电力部水管司，水利水电科学研究院. 清代珠江韩江洪涝档案史料 [G]. 北京：中华书局，1988.

[17] 陈家欢. 基于明清广东动乱形势的乡村聚落防御性研究 [D]. 广州：华南理工大学，2020.

[18] 金坡，崔缨. 郭嵩焘治理广东匪患 [J]. 汕头大学学报（人文社会科学版），2011,27(2)：82-87，96.

[19] 汪丽君. 建筑类型学 [M]. 天津：天津大学出版社，2005.

[20] 汪丽君，舒平. 类型学建筑 [M]. 天津：天津大学出版社，2004.

[21] 周宏伟. 清代两广农业地理 [M]. 长沙：湖南教育出版社，1998.

[22] 陈志华，李秋香. 梅县三村 [M]. 北京：清华大学出版社，2007.

[23] 李龙潜. 明清时期广东墟市的类型及其特点 [J]. 学术研究，1982,55(6)：85-91.

[24] 徐东升. 明清市场名称的历史演变——以市、镇、墟、集、场为中心 [J]. 中国经济史研究，2007,87(3)：35-41，60.

[25] 孙宕越. 粤北与赣南湘南之交通与运输 [J]. 地理学报，1937,4(1)：867-887+953.

[26] 陆琦，陈家欢. 广东围居 [M]. 北京：中国建材工业出版社，2017.

[27] 吴庆洲. 中国客家建筑文化 [M]. 武汉：湖北教育出版社，2008.

[28] 徐粤. 广东潮汕及客家风土聚落的同构性研究 [J]. 建筑遗产，2019,13(1)：43-49.

[29] 凌开蔚，曾枢. 中国地方志集成 广东府县志辑 18 民国和平县志 嘉庆龙川县志 道光永安县三志 嘉庆新安县志 [M]. 上海：上海书店出版社，2003.

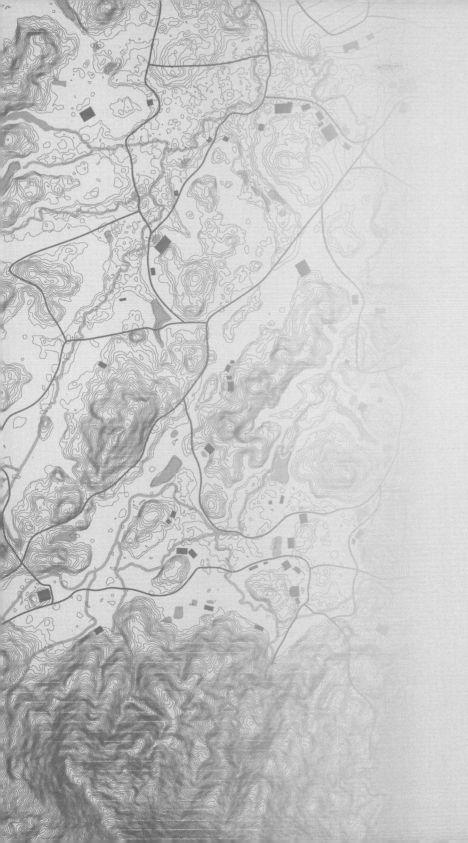

第五章

过程模拟与规律学习

5.1 文化流线上的样本村落选点

前章"迁徙与地缘"一节对粤地客家的迁徙流经、重要节点区域以及梅江、东江两派主要客家分系进行了分析解读。可以发现，如果抛开粤地广府、福佬、客家三民系文化之间的关系不谈，仅就客家一脉的内部发展而言，梅江系与东江系两股异源客家的交流，可谓成就了客家在粤东北地区的整体文化格局。梅江系客家与东江系客家，山限壤隔，环境民风各异，但在梅州兴宁至河源东源一段，惯于顺水而移动的客家人通过山间的蓝关隘口，进行了反常的、频繁的陆路往来，打通了两系客家的文化隔绝。从横跨两流域迁徙路径上建筑形态的交融渐变，我们不难看出迁徙行动对文化传播的促进作用。不过即便如此，村落形态结构组织特征却相对安守地域本源，未能"任性"地流播。

在这一认识前提下，我们冀求在村落空间结构的动态组织逻辑层面，探索两系客家的本源分异，认识地域环境对民系营居治家理念的深层塑造作用。

据上一章关于村落静态形态类型的解析可知，即使在同一流域，不同地理位点的村落也不一定采用相同模式进行空间组织经营。因此，本书在选择待研究的村落对象时，兼顾了样本自身的小地域特征代表性，以及样本点对粤地客家文化片区内人口迁徙路径描述的全面性。梅江流域由东至西选定梅州市大埔县侯南村、梅县侨乡村、兴宁刁田村，东江流域选定河源市龙川县黄岭村、惠州市惠阳区周田村、深圳市坪山区坑梓村，其中刁田村和黄岭村处于两流域过渡地带，其余各村处于各自流域腹地，以此为样本展开量化研究。

5.2 样本的史料调查与资源

5.2.1 文本图像史料挖掘

地方文本图像史料挖掘主要存在两个方向：一是空间数据，二是社会经济文化地理关系。

研究区域的空间数据主要有四方面来源：

一是马克斯—普朗克科学史研究所和上海交通大学历史系建立的开放地图数据库[1]。数据库内为测绘地图，描绘了晚清至民国期间（1903-1948年）中国华北、长江流域以及华南大部分地区的地理信息。该地图数据的测绘基于该时代最高水平的技术支持，详细地记录了地形、山川湖泊、交通路线、行政区划边界、农作物、基础设施、土祀、祠堂、寺观庙宇、聚落等自然和人文地物，所展示的微观地貌成为研究晚清至民国时期自然与社会变迁的珍贵史料，比例尺在1：5万～1：2.5万。该地图经电子化处理后又完成了地理校准，可与现代地图坐标较为准确地对应。

二是美国地质调查局网站卫星地图数据库（eartheexplorer.usgs.gov）。该数据库存有中国20世纪60-80年代多地高清黑白卫星影像，可以与马克斯—普朗克科学史研究所开放地图数据库内的测绘图资源对照互证、解析地物，展现中国村庄在发生经济形态和物质形态大变革前后的风貌变化。

三是绘制于21世纪初的大地测量图（比例尺在1：1万左右）。部分村落存有该类资料，可以较为准确地反映历史建筑的空间形态与地理位点。

四是族谱与房屋建设年代。将有限的村落图像信息分解为多个空间时像，就需要房屋本体建设年代信息。这类信息较为零星，往往记录不全。我们通过与村委会以及村内人士的沟通，获取村落宗族族谱，通过对宗族谱系人员关系的挖掘，以及人物与房屋的对应，推导村落建筑生长拓扑关系图，再通过部分建筑建设年代的对应，还原各个建筑大致的建设年代，从而推导村落空间历史分时影像。

研究区域的社会经济文化地理信息来源广泛，主要有古代官方文献或官方文献的史料汇编、古代民间文献、现当代地方研究文献等。

历史官方文献或官方文献的史料汇编——涉及研究区域的高级别官方文献主要有《明史》《清史稿》《钦定大清会典》《钦定大清会典事例》《钦定大清会典则例》《皇清奏议》等，从中可挖掘关于地方政治经济与社会大环境方面的信息。另外，经后人整理出的《清实录·广东史料》《清代珠江、韩江洪涝档案史料》《广东土地契约文书》《广东路途经》《广东通志》以及各地方历代县志等，更为具体地介绍了研究区域的地理、经济、地方治理特点与风土民俗。其中，地方县志多存在嘉靖、万历、康熙、嘉庆、道光、民国等多个版本，从中可见社会诸方面的承袭与发展变化。

历史民间文献——历史民间文献主要为地方族谱。本研究所考察的村落，其主存姓氏一般均保留或定期重修该姓族谱。族谱所述代系关系、迁徙缘由、家族营生、社会关系、动乱事件等信息蔚为重要。但是族谱信息的提取需要进行辨伪。一般宗族在编谱之时倾向于尊历史名人显贵为祖，因此，自其所记录的一世祖起至编谱地开基祖的上3代左右止，这一时间段的历史信息基本不存在可信度。

现当代地方研究文献——在整体性研究，如《中国历代粮食亩产研究》（吴慧）、《中国历代户口、田地、田赋统计》（梁方仲）、《户等制度史纲》（邢铁）、《中国移民史》（葛剑雄）中，可获取广东地区的重要经济、人口与制度变迁信息，具有较强的资料性。而地方性研究，如《客家研究导论》（罗香林）、《客家源流考》（罗香林）、《深圳客家研究》（刘丽川）、《族谱与香港地方史研究》（萧国钧、萧国健）、《客家文化史》（谭元亨）、《岭南历史人文地理——广府、客家、福佬民系比较研究》（司徒尚纪）、《清代两广农业地理》（周宏伟）、《中国客家建筑文化》（吴庆洲）等，对于广东客家民系源流文化、空间表现以及民系之间的比较关系有着系统的论述，成为历史探索的重要线索。

5.2.2　田野调查

史籍与图像的记载往往是宏观的、碎片化的，当我们试图将其拼合，以还原漫长的历史图景时，常常捉襟见肘，通过田野调查进行信息补遗成为必然之举。不过，当代乡村人口流失和对文化的遗忘使我们的田野调查充满了不确定性。深入地方之后，我们踏勘碑记、俯拍村貌、观察经济，更造访村内文化编修倡导者或牵头者（若有）。若偶遇老屋修缮工匠，便如获至宝，从其口中不仅可获取建筑形制逻辑、风水思想，亦可了解不同老屋之间的亲缘关系。

田野调查中我们可以获取的信息主要为两个方面：

其一，现时空间格局中的重要细节关系。在大多数卫星影像图上，信息的标记往往深入不到细节，我们可以在地图上区分田地、山地、建筑用地、河流池塘水域等斑块，但是那些容易被植被或高物阴影遮掩的信息（建筑群组中的片段、与空间划分较为相关的水渠等）就需要通过实地观察来辨认确定。

其二，历史变迁信息。不同的建筑建成于哪个时期？这个问题往往最不容易找到完整解答。田野调查中发现，部分文物建筑、历史建筑的简要史记可在立碑中获取，而其他历史建筑的相关信息在家谱村志中多能根据建筑始建者的生平找到线索。口述历史方面，地方"老人"或已故去，或语言交流不通，不易收获有效信息，反而是在村中的文化召集人或古建工匠处获得史脉渊源的答疑解惑。

5.3　样本村落的地域影响因素探索

是何种因素影响着村居形态的空间决策？对这个问题的解读控制了量化分析的基本方向。

部分学者侧重从内生文化角度进行解释。张杰、吴淞楠从村落地形、轴线、尺度与视域角度4个方面分析"礼"文化对中国传统村落规划的普遍影响[2]。与其相对，王昀更强调村落形态的个性特点，他在《传统聚落结构中的空间概念》中基于大量的案例观察，提出"不同的民族即使是处于相同的自然环境中，建造的聚落形式也不相同……相同的民族建造相同的聚落，"这一切源于同民族人群内部相对独立于外民族的"空间概念"，并将聚落的核心形态要素归纳为住居的面积、间距、朝向3个方面[3]。

汉地风水文化、家族文化、民族文化等内生文化因素固不可忽视，不过更多的传统村落研究在内生文化之外着重兼顾了外部环境影响的因素。王晓薇、周俭在针对山西古村形态的研究中关注了建筑、聚落两个尺度上的空间特点，并分别以住宅风水、家庭结构、产权配置等因素解释建筑的尺度、房间布局朝向，以风水、礼制文化、安全防御、社会产业、用地限制、交通条件等因素解释聚落形态的自由度、规整度[4]。周政旭、程思佳在对贵州布依聚落的研究中主要从安全防御角度解释屋寨的围合形式，并从文化心理、耕地资源条件、水源条件等角度解释聚落所处的地形地势、聚落规模、间距，聚落与山水林田等自然要素的对位关系[5]。杜佳，华晨，余压芳等针对非分散性的集村，从地形地貌条件、安全防御以及农地资源条件等角度解释屯堡聚落的整体规模、长宽比、形状指数，以及聚落内部建筑密度、朝向和公共空间分维值[6]。

综合来看，既往传统村落研究对空间形态的描述常采用相似的指征，如用尺度、格局、外围合元素描述建筑形态，用地形地势、间距、方位朝向以及与周边环境资源的距离关系等要素描述聚落形态，如果聚落布局紧凑，还会采用特别的指数来衡量形态的复杂程度。在此基础上，从内生文化、外部自然社会环境等多个角度对空间形态的成因予以解读。

5.3.1　梅江系样本村落的地域影响因素特点

梅江系客家主要定居在梅江流域山区的谷地或盆地。在狭长的河谷平原上，人们多以种植水稻为生，建造了大型的、封闭的房屋，每座房屋可以容纳3代或3代以上，以增强战斗力，并保证足够的劳动力输出。

（1）侯南村

侯南村（图5-1）位于广东客家迁徙路径上游梅州大埔梅潭河南岸、东南西三面高山包围的一块小盆地上，村落总面积约2km²，与侯北村隔河相望，距大埔县城约11km。小盆地内地形较为平坦，宜耕地资源相对集中也相对短缺。它的发展历史可以追溯至明朝中期（大约16世纪初）。杨氏家族自16世纪以来就定居于此，至今已有500多年的历史，为当地主导家族，另有丘、池等姓。目前，全村总人口约5400人。

图5-1 侯南村卫星影像图（2023年4月20日）

大埔地区处于梅潭河与梅江、汀江汇合为韩江的空间节点上，位居闽赣和潮汕间的咽喉要道，是闽地客家迁徙粤地的重要入口。梅江河运繁忙，沿河逆流而上向西通往梅州客家文化腹地，顺流而下向东入韩江，可通往福建省以及广东省沿海的潮汕地区，多方交流使得该地文化较梅县核心地区更为多元，在建筑风格上也更为包容。该村目前呈现集村形态，与其他在山区松散分布的客家村落有所差异。村民除挖塘养鱼外，主要依靠种植烟草进行土地开发，沿河形成集镇，并利用梅潭河和沿江市场开展本地和外地贸易业务。清朝康乾年间，一些村民开始长途跋涉经商，主要集中在潮州、苏州、杭州等地；道光以后，主要集中在上海、汕头，甚至东南亚。明清时期该地生人在仕途上有所进取，文教仕风渐盛，村落的宅祠建筑中或添书苑功能，或在宅旁另设书房私塾。民国时期，村人多下南洋经营，在侨资支持下村落建设空间开启了明显一轮扩张，屋宇装饰间杂异域风格。

综合来看，侯南村以商风为盛，村落空间形态研究需要探讨与之相关的因素，如市场、水陆运输等。

（2）侨乡村

侨乡村（图 5-2）归属梅州市管辖，地处广东梅州盆地西部的一个小盆地，属于梅江流域客文化中心区，亦为客家在粤东北建立较早且辐射力较强的文化据点，村落总面积约 $2km^2$。此地离梅州市中心较远，当代的城市化运动并没有显著地影响该村的历史空间格局，房屋与环境的关系仍然反映了农业社会时期的景致。侨乡村是一个行政村，包括三个小村庄，分别是寺前排、高田和塘肚。此村传统建筑风貌、村落格局和民俗文化保存完好，被公认为最完整的客家传统村落之一。

在中国南方山区，单姓村落相当普遍，侨乡村也不例外。该村的居民大多属于潘氏家族，其生活史可追溯到明朝中期（公元 1500 年左右）。渐下河流经该村，然而由于河床太浅，居民们不得不在河道修建陂坝，为农田灌溉引水，而生活用水由居民点内外的水井和池塘提供。

图 5-2 侨乡村卫星影像图（2023 年 4 月 20 日）

　　侨乡村聚落沿山麓松散连续分布，围居以围龙屋形式为主。总体而言，在中国传统乡村社会中，家族组织占有重要地位，乡村居住空间结构与社会组织具有高度一致性。因此，乡村聚落通常围绕祠堂公共空间布局，村落空间格局在很大程度上取决于祠堂的数量和分布情况。然而，在粤地大量的客家村落中，祠堂并不在民居之外，而是包含在民居之中。联排的居住空间围绕着中央祠堂布局，为广东山区客家村落民居的特点。当一个围屋的人口增长到超过空间承载能力时，一些家庭成员就会搬离，建造一个新的大型围居，创造新的生活空间。每一个封闭的围居都拥有独立的资产和空间，居民点之间的互动和交流并不频繁。因此，村中几乎没有任何孤立于外部的、作为村里文化活动中心的祠堂，这种现象在侨乡村是比较突出的（前述侯南村尚存一些独立于围居的外设祠堂）。此外，侨乡村的商业活动已经转移到附近的南口镇，因此村里没有公开交易活动中心。这些因素导致了村落布局的分散化、去街巷化。

图 5-3　刁田村卫星影像图（2022 年 3 月 10 日）

侨乡村的经济发展经历了两个阶段：前期以自给自足的农业经济为基础，晚清时期开始主要依靠东南亚华侨资本。两时期村落的主要差异在于围居的规模和形态，以及围居与环境的关系，反映了经济基础变化所带来的家庭规模和人地关系的变化。

（3）刁田村

刁田村（图5-3）位于兴宁市石马镇，村落总面积约 2km^2，该村距石马镇政府约 1km，距市区约 25km，位于宁江一级支流石马河南岸。兴宁虽今归属梅州管辖，但在历史上曾经长期与龙川属同一行政区，行政归属的摇摆暗示着此地跨梅江、东江流域的文化特点。历史上，宁江接续汀梅循道，沿此线，闽西客家可较为便捷地迁至兴宁。另外，梅州部客家人常经此由蓝关入龙川，或至五华往惠州。

刁田村始建于元朝末年，处于山间谷地，地势东南高西北低，山泉顺水槽流下，形成石马河的支流刁田河。刁田河穿村而过，因地势导向而形成蛇形水系，经渠灌田，汇入村口石马河。村落民居顺水流发展排布。

与其他单姓村落不同，该村由陈、何、张三个姓氏主导，以陈姓为大。陈姓于明嘉靖年间迁居于此，后人口产业扩大，逐渐蔓延至附近新田村、新群村。

刁田村亦为纯农业村，水田旱地共 1000 余亩，以种植水稻、红薯、甘蔗、蜜柚为主，兼酿酒副业。由于跨流域文化交融特点，此地建筑兼容了梅州腹地围龙屋与东江流域四角楼的风格。

5.3.2 东江系样本村落的地域影响因素特点

（1）黄岭村

黄岭村（图5-4）位于龙川县丰稔镇西部丘陵山区，地势东北高西南低，村落总面积约 3km^2。16世纪初期，也即明朝中叶，现村内第一大姓"叶"姓的祖先从龙川县通衢镇迁至此地，另有饶姓祖先由江西迁至此，此前这里曾有王、蓝、

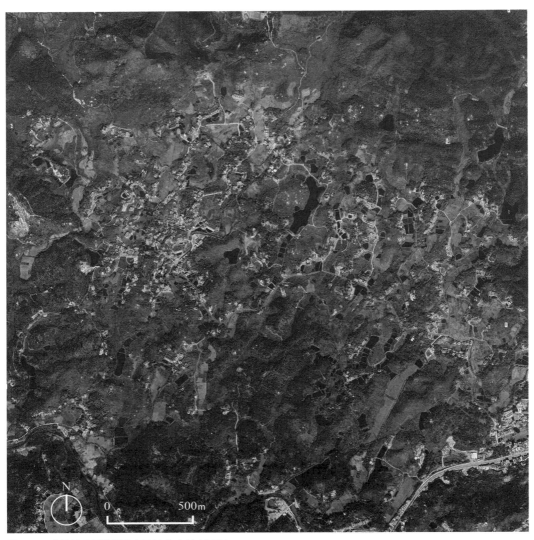

图 5-4 黄岭村卫星影像图（2022 年 3 月 10 日）

马、李等姓居住。通衢镇位于梅江上游五华河支流附近，而黄岭村位于东江上游支流小庙河流域。从通衢镇或从赣地至黄岭村，客家人的这次迁徙实际上完成了跨流域的沟通与交流，实现了赣系客文化和闽系客文化的融合，使丰稔镇成为一个重要的文化枢纽。叶姓迁居此地后，少数后人又于清顺治至嘉庆年间向粤西南、赣南以及湘赣交界地流迁。

黄岭村虽处小庙河流域，但并不临河，藏于山中一块不甚平坦的盆地中，较为封闭，村内有一大埔塘石拱桥，是其通往附近城镇的必经之桥。村内地表高低起伏，将村庄错杂地分割成若干异形段落，低丘、农田、林簇、池塘与居民点散碎组合。村庄主要水源是山中的溪水、泉水，为保证用水的稳定性，村庄内零散分布着大量小尺度的山塘、地塘。因丘陵起伏，该村农产以茶、柿、蔗等坡地适宜性种植作物为主，间有水产养殖。或许正因为耕地规模有限，历史上该地人口着力于仕宦功名方面的进取。

呼应两系客家文脉的交融，黄岭古民居呈现为梅江系的围龙屋与东江系的方围楼两大类，亦存在清末匪盗猖獗时期所构建的群集性防御的大型碉楼，风格形制近似于赣粤交界地带的客居。

（2）周田村

惠州惠阳周田村（图 5-5）位于珠江三角洲东北边缘的丘陵谷地区域，为客家民系迁徙路径下游地带，始建于清康熙时期。叶氏家族于 17 世纪 60 年代由梅县兴宁、河源龙川等地迁来，定居于此，逐渐取代原住民，成为此地的经济主导家族。村落面积大约 5km²，有 350 多年的历史，目前总人口达到 4800 余人。

周田村地处山区，没有宽阔的河流流经，但空间相对开阔，耕地资源量大而分散，边界形态不规则。山泉水顺沟壑流下，成为居民生活和生产的主要水源。

周田村自建村始一直是一个纯粹的农业村庄，呈现散村形态，代表东江地域建筑特点的城堡式方围居散布田畴之中。农民靠种植水稻、红薯、花生和豆类为生，与农业经营相关的因素，如地形、耕作半径、耕地分布、水源分布、人口等，

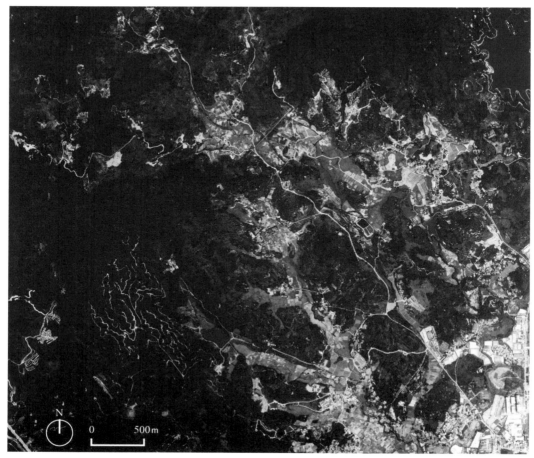

图 5-5　周田村卫星影像图（2023 年 4 月 20 日）

在空间塑造中发挥了重要作用。清末，村民开始在海外谋生。此后，海外资本成为村庄建设和土地开发的主要支撑。

（3）坑梓村

坑梓村（图 5-6）位于广东深惠交界地带，村落面积约 10km²，在所有样本村落中规模较大。历史上其行政归属在惠州府归善县与广州府新安县之间摇摆。

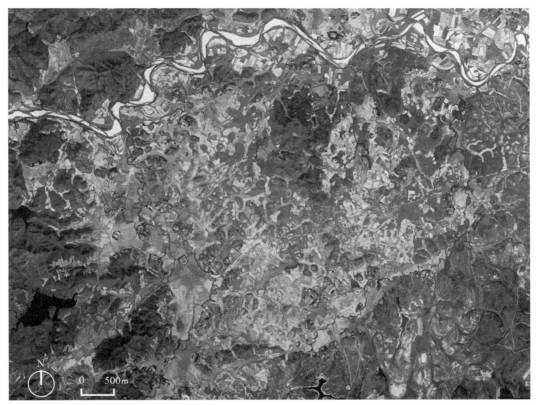

图5-6　坑梓村卫星影像图（1968年11月15日）

该村的黄姓居民祖先由福建邵武迁至粤东北梅州，在清初从梅县辗转兴宁、惠州迁徙而来。分散的传统聚落的空间结构在1690-1935年逐渐形成，在此期间村庄的经济结构和家庭制度并没有明显的变化。可以认为，空间逻辑在这一时期并没有发生变化。在此之后，传统空间形态的生长开始受到来自城市的异质元素的干扰。

　　在自然资源充足的地区，聚落分布更易受特定的社会组织类型和与之相关联的经济模式的影响，自然地理的影响并不突出。坑梓村就是这样一个例子，它的社会环境比自然资源对村落形态的影响更为明显。

坑梓村围屋（尤其是中后期的围屋）以城堡式围居为主，封闭与防御程度较高。房屋外围设定之后，基本不会在其外部再添新围。房屋内的人口数量不会无限扩大，因为它受到有关家产分割的家规族律的限制，依据规定，分家析产后，大部分家庭将从封闭房屋中分离出来，与此同时也失去了原有的耕地所有权。分离的群体将开发或购买另一处地产，从而形成新的独立的经济群体。这种调节人口密度的方法提高了农业生产的余粮率，并为区域间农产品贸易奠定了必要的基础。在山区，区域贸易的发展在很大程度上依赖水运。同时，农田与河流之间的高差较大，提高了引提河水进行农田灌溉的难度和经济成本。为了保证河流的正常水运功能，并节约灌溉成本，由高位山塘和水渠组成的山地陂塘水利系统被应用于农田灌溉，这也有利于山区水土保持。

清代坑梓村聚落的演变在很大程度上受到了社会因素的推动，包括土著居民与移民（客家人）的土地所有权冲突、分家析产与经济单元增殖相结合的家规族律、土地所有权与土地使用权的分配规则、当地的经济模式，以及主要的商品运输方式和水利系统。

5.4 时空演化模型的创建与完善过程

5.4.1 村落时空过程复建与数据处理

基于历史地图或卫星影像所能提供的 1-3 个时点的空间数据和族谱信息等资源，我们需要进一步从中提取以下几方面信息：①数字化复原地图，显示研究区域在城市化行动干预之前的历史环境状况，也即大概 20 世纪初—20 世纪 50 年代的复原地图；②聚落的空间扩张过程信息，包括各个时间断面上各地物的确切位置和平面形态，如有可能，则理清不同建物之间的亲缘拓扑增长关系。

对于地图信息，虽然早期的测绘地图和卫星影像描述了各个环境要素之间的历史空间关系，但地物坐标的精度可能受到当时测量技术的限制而不够准确。我们利用现代卫星影像数据，运用控制点法（将标志性的房屋中心、河流拐点、山顶点等作为控制点），通过 ArcMap 平台对早期地图和卫星影像进行坐标配准纠偏。根据校正后的历史地图影像指示，对现代测绘图中的道路、水域、耕地、林地、建筑等重要空间要素进行取舍性提取，剔除非历史地物和环境要素信息，由此绘制出表现研究区域在小农经济末期相对准确的历史状貌复原图（图 5-7 ～图 5-12）。

针对地物变化信息，我们从复原地图中提取聚落斑块。而后根据氏族谱系和口述史，明确建物出现的顺序和建物之间的衍生拓扑关系。根据建物关系，并基于史志和碑牌所记载的部分建筑建设年代，复原推断其他建物的大致建设年代。据此，复建聚落多时相空间动态格局（图 5-13）。

图 5-7　侯南村历史空间形势复原图

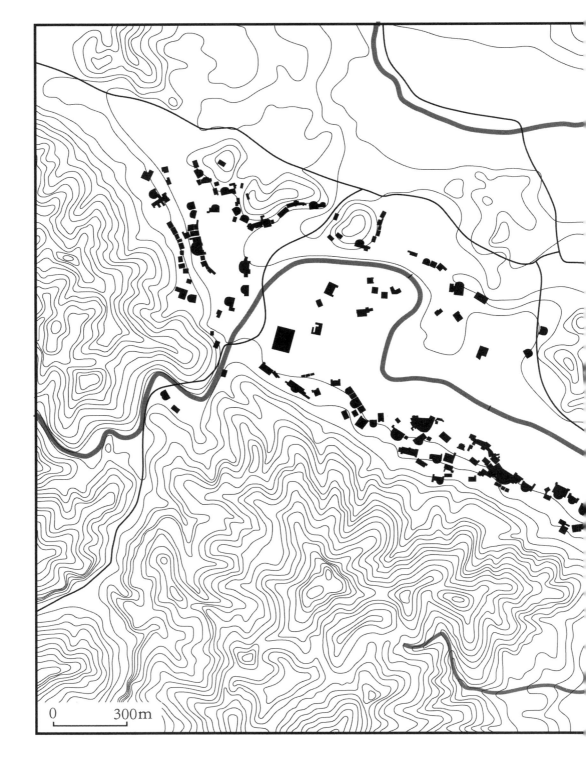

演化与复现——粤地传统客家村落时空动态模拟

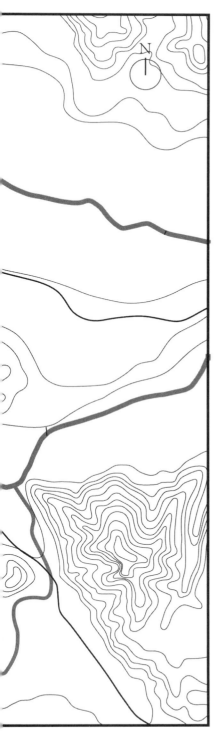

图 5-8　侨乡村历史空间形势复原图

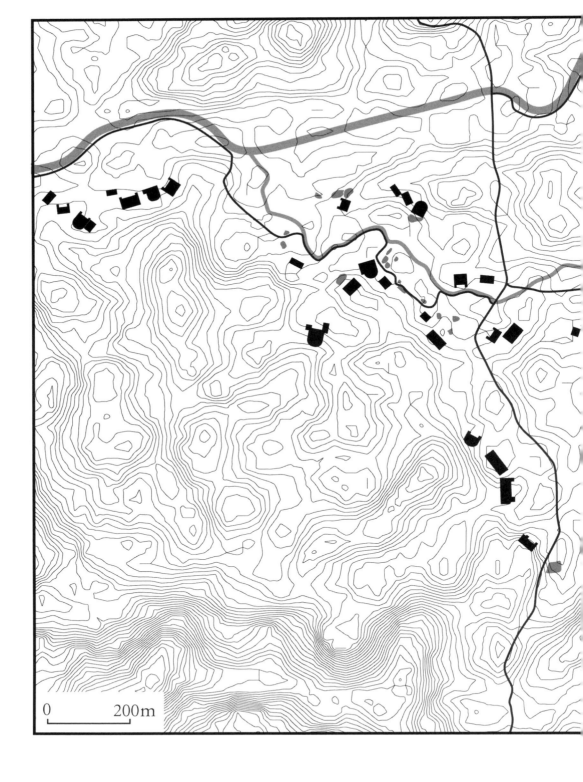

　演化与复现——粤地传统客家村落时空动态模拟

图 5-9　刁田村历史空间形势复原图

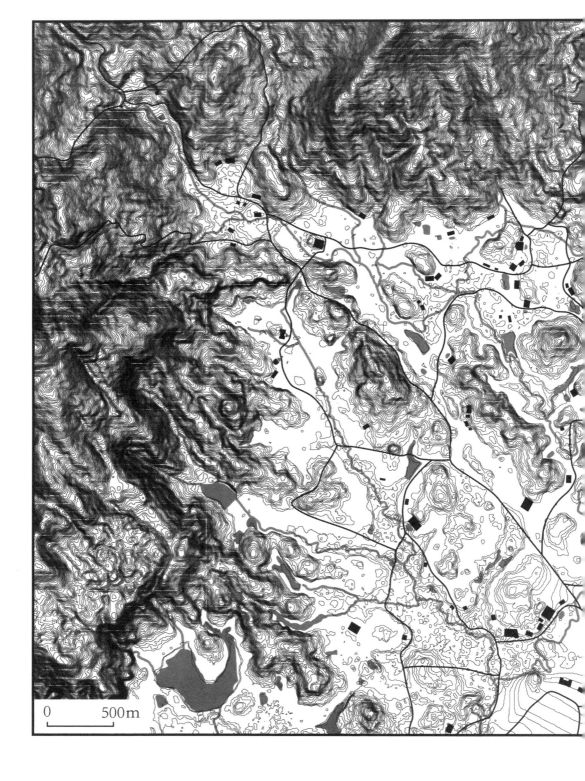

0   500m

演化与复现——粤地传统客家村落时空动态模拟

图 5-10　周田村历史空间形势复原图

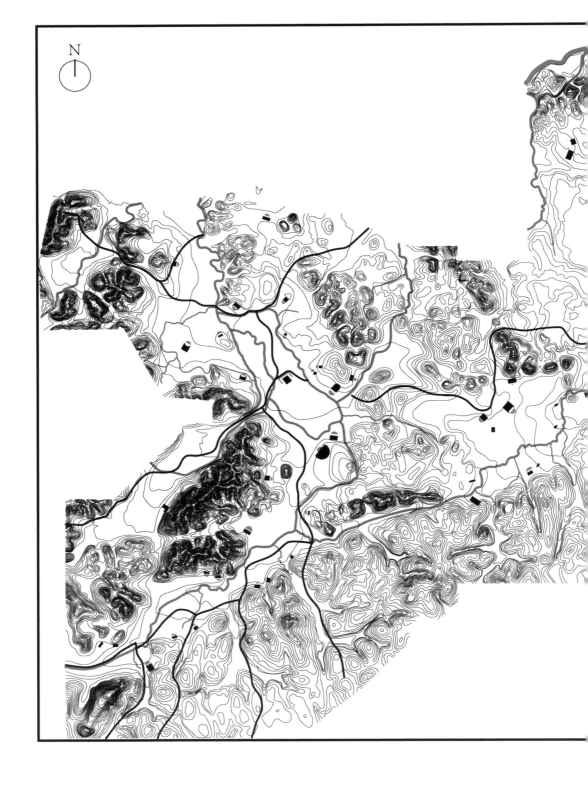

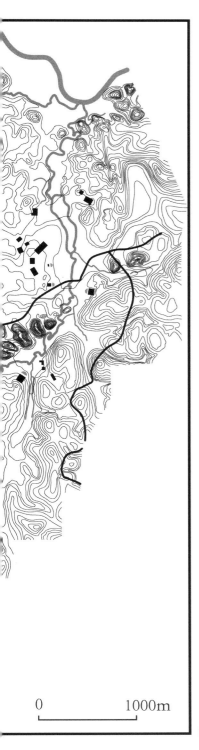

0   1000m

图 5-11　坑梓村历史空间形势复原图

图 5-12　黄岭村历史空间形势复原图

　　　　　　　　　　演化与复现——粤地传统客家村落时空动态模拟

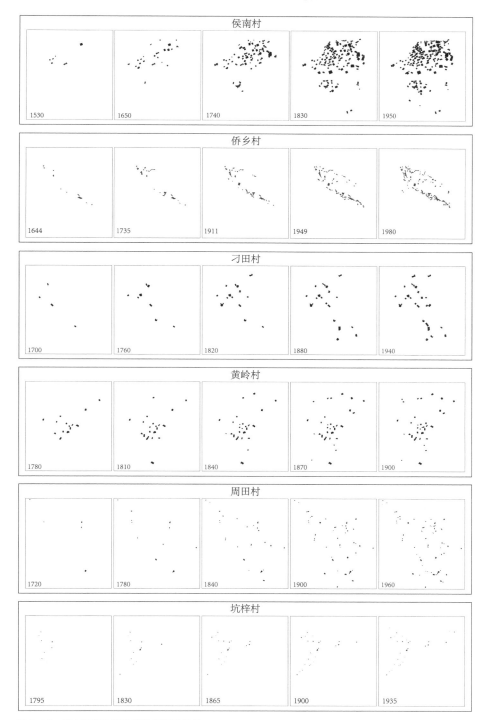

图5-13 样本聚落空间扩张数据复建示例

5.4.2 基于村落影响因素分析确定模型变量

近 10 年我国村落研究中对形态控制变量的选择存在一定的共性与差异性。共性方面，高程、坡度、至河流或其他水源的最近距离、至主要道路的最近距离、至最近城市或城镇的距离（适用于近郊村落）等为普遍使用的控制变量。差异性方面，与区域尺度研究相比，村域尺度研究更关注至耕地的最近距离、至家族住区的距离、至祠堂建筑的距离、人口增长率、人口迁移率等控制变量，并在户籍制度、行政区划、经济政策、军事政策的变动等方面探讨控制因素。此外，村落历史空间研究比现时村落空间研究更注重分析至湿地的最近距离、至既存聚落的最近距离、至祠堂建筑的距离、战争频率、自然地质灾害频率、邻近的自然资源面积等控制变量的数据特征。

参考既往相关研究的变量选择，并着重结合样本村落的实际特点，我们从两个层面设定村落空间演化的控制性变量。第一层面变量主要控制村落斑块与周边环境要素的空间关系，第二层面变量主要控制村落内部斑块之间的空间关系。两个层面的控制变量主要通过距离关系与面积比例关系来表达。

设定第一层面控制变量时，需根据村落周边环境要素特点与地域经济模式特点，选择可能有效的变量，剔除无关变量，主要涉及建物与地形、地势、水源、交通设施、自然资源的关系变量。例如近河发展的村庄，村落内各聚落斑块与河道之间的距离关系可能是重要的；又如远郊村落，村落内斑块与市镇之间的距离关系不应纳入考量范畴，诸如此类。

设定第二层面控制变量时，经村落调研发现，内部聚落斑块之间并不存在明显的方位性关系规律，而距离关系显得更为重要，这种距离关系不仅仅体现在不同宗族之间，更体现在单姓村落内血缘关系较近的小亲族建筑单元之间。因此，研究初始根据建筑之间的繁衍拓扑关系设定了直系三代建物之间的距离关系变量，以及异姓宗族建筑间的距离关系变量（针对多姓村落）。但是这种控制变量设定方案对历史数据精度的要求过高，在建屋主人关系信息缺失的情况下难以推行。所以，研究后期的变量选择策略在原逻辑基础上加以改良。事物的发展都是

节点建筑

一般建筑

聚落结构骨架

图 5-14　空间发展结构骨架

先有结构，然后基于结构进行扩张，村落的生长也是如此。把各发展周期内远离所有既存建筑的新建筑认定为新生经济单元的发展原点，并标记为节点建筑。而后将各时间断面上的新生节点建筑与既往生成的距其最近的节点建筑相连接，便形成了空间发展结构骨架（图 5-14）。通过观察发现，新生建筑位点似乎与该骨架相关，边缘式生长（新生建筑点依附于既存经济单元）似乎较为靠近既存骨架，飞地式生长（新生建筑点构成新的经济单元）似乎较为远离既存骨架。因此，本研究后期将建筑增殖划分为结构性增殖与一般性增殖两种模式，在各模式下，用新生建筑与既存建筑的最近距离以及新生建筑与既存空间结构骨架的最近距离作为建筑斑块间关系的控制变量。

在本研究中，对于每一个被像素化的地理空间方格，其自然环境关系是假设相对稳定的，不随时间发生显著改变，相应的控制变量数值固定不变；而地理空间方格与聚落内部建物之间的关系变量数值随着聚落的生长不断更新。针对自然环境关系类变量，将复建的历史环境状貌矢量数据导入 ArcMap 10 中，通过 Spatial Analysis 模块分别分析不同环境要素关系类变量数据，生成栅格数据，栅格数据分辨率根据建物斑块的尺度确定。针对聚落内部建物间关系变量，基于自开发的程序脚本，根据村落时空格局动态变化关系计算相应的变量值。

控制变量过多会影响模型的模拟效率，过少又会影响模型的模拟准确率，因此需要在模拟效率和模型的解释能力之间谨慎权衡。为确保模型的解释力，我们已通过地区环境背景分析来尽量全面地选择空间属性变量，并排除无关变量。在从聚落样本点中获取各变量的历史数据集合之后，通过数据分布的概率密度曲线分析（单变量高斯混合模型，如式 5.1）来进行相应变量的控制性的验证，进而进行变量降维。

$$\text{UniGMMEval}(x) = \sum_{j=1}^{k} \omega_j N(x|\mu_j, \sigma_j^2), \sum_{j=1}^{k} \omega_j = 1 \qquad (5.1)$$

式中有 k 个分量。每个分量都是由 μ_j 和 σ_j^2 参数化的高斯分布；ω_j 是分量 j 的权值。

曲线的峰值表示聚落样本在这一空间控制变量方面的特征值，也可以认为是聚落发展的空间特征偏好。曲线所示数据分布的离散程度，表示为标准差与样本变量值域的比值 γ，体现聚落布局对各空间控制变量的敏感性（式 5.2）。

$$\gamma = \frac{\sum_{i=1}^{K} \omega_i \sigma_i}{x_{max} - x_{min}}, \sum_{i=1}^{K} \omega_i = 1 \qquad (5.2)$$

其中，$\sum_{i=1}^{K} \omega_i \sigma_i$ 为标准差，$x_{max} - x_{min}$ 是聚落元胞的空间控制变量值的值域。γ 值的高或低，指示样本分布偏于均布离散或偏于不均匀集中。过于均匀的分布指示，聚落的生长与这一空间控制变量无明显的关联。因此，γ 值的高或低实际指示出空间控制变量对空间转化的影响约束力是偏弱还是偏强，进而可据此进行有效变量的筛选。

5.4.3　基于时空发展特征的模型构架设计与模型参数设置

在将元胞自动机模型应用于村落空间模拟时，我们遇到两个关键性问题。

问题 1：如何构建模拟流程，以适应村落建筑斑块忽而蛙跳式忽而连续式的生长。

就这一问题，最直接的做法是，暂不考虑生长历程中的扩张模式变化，单纯用不同属性建筑斑块之间的距离变量来阐释血缘集团内部的经济关系（土地占有）和文化关系（祭祖活动的联动需求），以及异性宗族之间的亲疏关系。这种做法降低了模型结构的复杂度，加大了控制变量的数量，模型自体运作流程较为简单明了，如第三章提出的基本模拟框架流程（图 3-6）。

然而，将复杂度赋予控制变量，意味着加大了数据收集的难度，我们需要明确村落各建筑之间的亲疏关系以及亲缘拓扑关系，并需要应用多种性质的建筑间距控制变量。例如，家族人口增长到一定程度，后代通常挈妇将雏另立新宅、另置新产，将这种关系下的新宅与旧宅定义为子建筑与父建筑，那么欲想较清楚地描述聚落内复杂的社会关系，就需要描述子建筑与父建筑甚至祖建筑之间的距离关系，以及异性宗族建筑间的距离关系等。这一做法无疑加重了数据调查、提取和处理工作的强度和复杂度。

　　随着空间发展结构骨架对村落形态的控制性作用被发现，研究思路亦可略有调整——村落的空间发展过程表象纷繁复杂，单姓或多姓，集聚或扩散，不易捉摸，当我们以较高的时间分辨率将中国境内一些传统村落的发展过程分步还原时（图5-15），可以发现无论何种形态、何种尺度的村落，均存在相似的"边缘式—飞地式"组合生长逻辑。具体而言，即使是当前呈集聚形态的村落，其发展过程并非单一边缘式，而往往是飞地式扩张与边缘式填充并行，即一边以飞地式发展扩张集群的界域，一边以边缘式发展填充飞地之间的空间，直至构成紧凑的团簇。分散性村落的发展亦存在两种模式组合运行的情况。最终形态是聚合还是离散，其本质区别在于飞地跳跃的距离尺度，以及边缘扩张的规模。在这一共性发展逻辑下，各类村落均可以看作由众多经济组团构成，每个经济

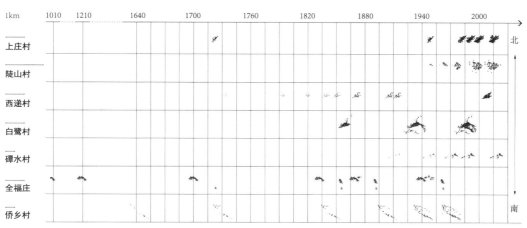

图5-15　中国部分传统村落空间发展过程

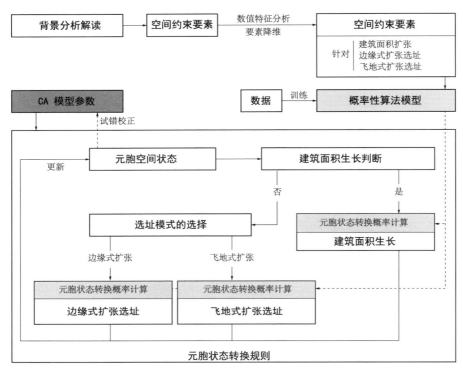

图 5-16　参数主导控制型模型结构

组团以其创始建筑为核心建筑（也可视为村落结构中的节点性建筑），在空间上形成集聚，村落空间的生长就是小经济组团进行飞地式增殖，以及各个组团进行边缘式扩张的过程。

为加强模型的普适性，降低数据采集的难度，可尝试简化社会关系，精简模型变量，同时细化模型结构，基于集村和散村相似的"飞地式＋边缘式"时空过程逻辑框架，创建 CA 模拟流程（图 5-16）。重点在模型构架中增加扩张模式、设置空间扩张模式的选择判断环节，使模型由变量（影响因子）主导控制转向结构主导控制。

问题 2：在模型的空间状态转换规则中应嵌入怎样的算法，才能综合表达多维空间控制变量对聚落发展的复杂性控制。

这一点在第三章略有说明，在此再作详解。聚落斑块一般散嵌于环境斑块之中，两类斑块面积级差非常之大。换言之，在村界范围内，聚落斑块所占比重较小，如果均匀采样，聚落与环境的样本量将差异悬殊。如此一来，聚落斑块在偌大空间中的生长发展不是分类择类的问题，而是空间优选问题。

机器学习的算法非常多，但各种算法都有其适用范围，我们需要根据村落空间数据结构来挑选合适的算法。首先，村落样本与环境样本的数量明显不平衡，若采用随机森林算法（random forest，RF）、最邻近算法（K-nearest neighbor，KNN）等适用于均衡异类样本条件的算法，易出现较大的模拟预测偏差；其次、算法结构需要有现实意义的映射，得出可信的结果，进而辅助历史认知与空间决策，从这一点出发，目前较为热门的人工神经网络（artificial neural network，ANN）以及支持向量机（support vector machine，SVM）等算法均将初始变量进行他维映射，在现实解释力上具有明显欠缺，即使模拟高度精准，也无法给人以知识，难以泛化应用；再次，如果我们应用具有较直观意义的数据，那么数据之间将或多或少地具有关联性，因此不能很好处理空间特征控制变量之间相关性问题的算法，如决策树算法（decision tree）亦不适用；最后，村落样本特征变量的数据分布是复杂非线性的，并存在数据噪声，据此，线性算法或具有线性本质的非线性算法，如逻辑回归算法（logistic regression），便难以进行有效拟合，而易受到数据噪声影响的K均值（K-means）聚类算法亦不适用。

以上根据村落特征变量数据特点，排除了不适合村落空间数据研究的算法。村落空间发展过程是"优选"过程，所谓"优选"，便是从所有的备选空间位点中选出最适合发展的位点进行状态转变。即我们需要用生成式算法评估所有候选位点的可能性数值，择其优者予以状态转变。综合上述所有数据条件与研究需求，选择多变量高斯混合算法来计算空间位点的转化概率（见第三章式3.3），该算法亦具有基于小数据样本而较准确描绘数据分布整体特点的优势。

5.5 村落时空模拟与规律比较

5.5.1 不同结构模型的模拟效果与模型数据分析

（1）侨乡村与坑梓村的模拟

在模拟梅江系的侨乡村与东江系的坑梓村时，由于历史屋宇生长拓扑关系信息较为明确，就采用了基于基本模拟流程框架而构建的演化模型，模拟准确率在75%-85% 范围内波动。这一模拟效果不仅体现在终期模拟结果上（图5-17），也体现在各历史阶段性预测结果上（表5.1）。虽然历史信息相对充分，但针对

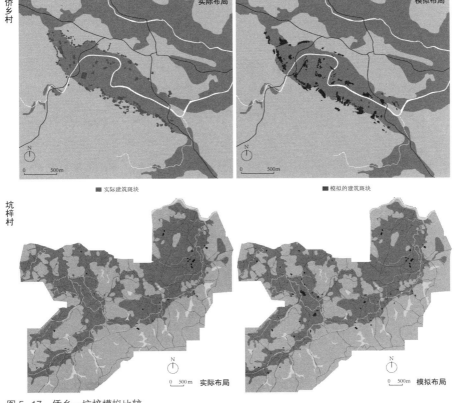

图 5-17　侨乡—坑梓模拟比较

高度分散化布局的村落，模型能取得这一准确率，已超出了预想。该模型侧重于多变量控制，包含了较多的亲缘性关系变量；模型参数量较小，主要为人地比例相关参数和耕作半径参数。

坑梓村历史阶段性预测结果示例

表 5.1

时间切片	实际生长位点与模拟预测位点的对照比较			图例
	对照图示	下期实际生长点位	预测生长概率级别	
1（1775年）	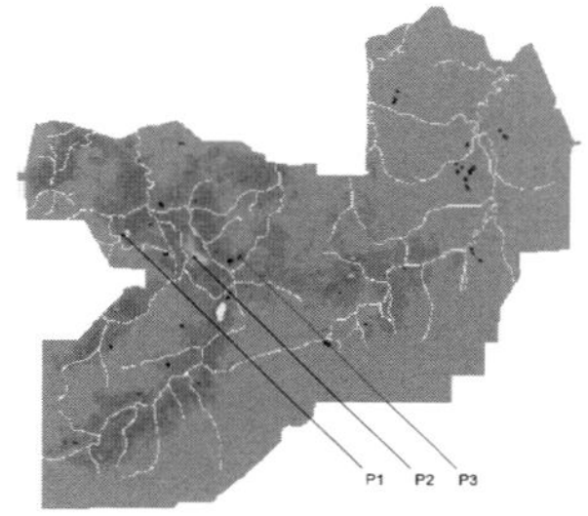	P1	10	
		P2	9	
		P3	6	生长可能性级别（概率排名千分位范围） 10（Top 1‰） 9（Top 1‰ -3‰） 8（Top 3‰ -7‰） 7（Top 7‰ -15‰） 6（Top 15‰ -31‰） 5（Top 31‰ -63‰） 4（Top 63‰ -127‰） 3（Top 127‰ -255‰） 2（Top 255‰ -511‰） 1（Top 511‰ -1000‰）
2（1820年）	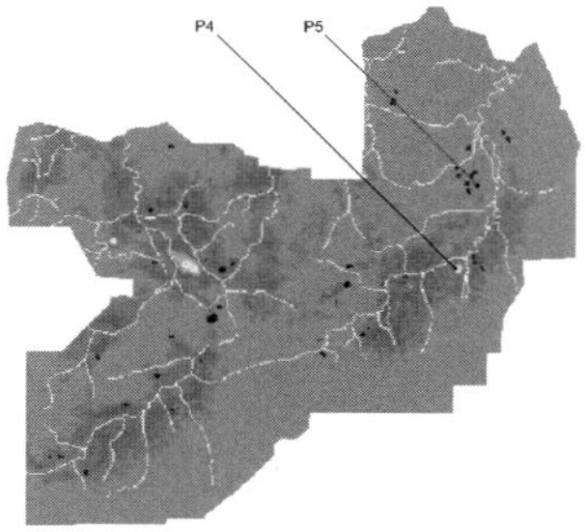	P4	10	
		P5	6	
3（1864年）	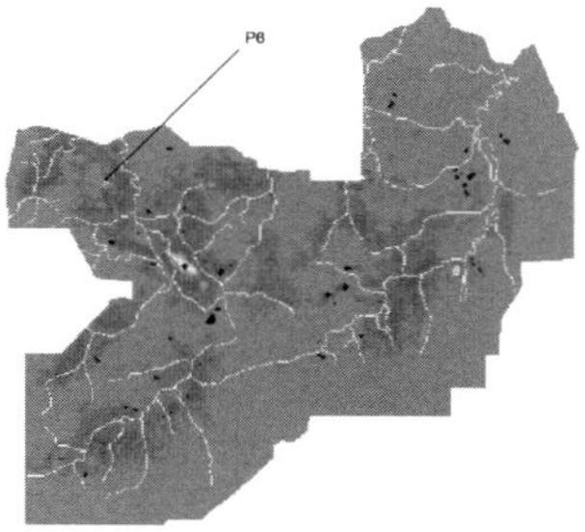	P6	10	

模型参数层面——

在该演化模型里，影响模拟结果的主要参数有两个：其一为耕作半径 R，该参数也反映村落经济单元的尺度规模，会影响部分模型变量的样本数值；其二为耕作半径所限定的经济单元内宜耕地与建屋的投影面积比例阈值 S/A，主要控制经济单元内聚落斑块的生长极限，为了模拟现实世界的不确定性，我们在模拟时对该阈值的空间作用引入随机扰动。

各村模型参数调整结果如表 5.2：

侨乡—坑梓主要模型参数 表 5.2

参数名	意义	侨乡村数据	坑梓村数据
R	经济单元尺度（耕作半径）	100 m	500m
S/A	经济单元内宜耕地与建屋的投影面积比例	6：1	107：1

模型变量层面——

两村落模型所采用的空间控制变量及其样本数据学习结果如图 5-18、图 5-19、表 5.3 所示。

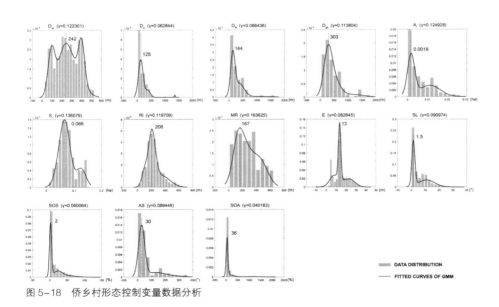

图 5-18　侨乡村形态控制变量数据分析

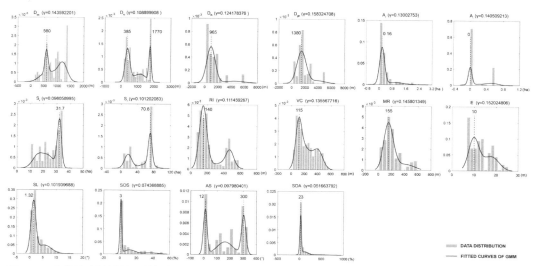

图 5-19　坑梓村形态控制变量数据分析

侨乡—坑梓模型控制变量特征对比

表 5.3

空间控制变量	意义	敏感度值		特征值	
		侨乡	坑梓	侨乡	坑梓
D_{oc}	至外族建筑最近距离	0.1223	0.1436	242 m	580 m
D_{ic}	至本族建筑最近距离	0.0628	0.1089	125 m	385m | 1770 m
D_{fh}	至父关系建筑最近距离	0.0864	0.1242	144 m	965 m
D_{gh}	至祖父关系建筑最近距离	0.1138	0.1583	303 m	1380 m
Ar	耕作半径范围内建筑投影面积	0.1249	0.1300	0.0019 ha	0.16 ha
Ai	灌区范围内本族建筑投影面积	—	0.1405	—	0 ha
Sr	耕作半径范围内宜耕地面积	0.1361	0.0981	0.066 ha	31.7 ha
Si	灌区范围内宜耕地面积	—	0.1012	—	70.8 ha
RI	至水道的最近距离	0.1197	0.1115	208 m	140 m
VC	至灌溉主渠的最近距离	—	0.1356	—	115 m
MR	至村内主路的最近距离	0.1636	0.1458	167 m	155 m
E	相对区域最低点的高程	0.0828	0.1520	13 m	10 m
SL	坡度	0.0910	0.1019	1.5°	1.32°
SOS	坡度变化率	0.0601	0.0744	2%	3%
AS	坡向	0.0894	0.0980	30°	12° | 300°
SOA	坡向变化率	0.0402	0.0517	36%	23%

（2）侯南、刁田、黄岭、周田等村的模拟

梅江系的侯南村、刁田村与东江系的黄岭村、周田村，其历史屋宇生长拓扑关系信息多不易考证，且村落内部姓氏及其势力结构略显复杂，演化模型内不宜容纳过于复杂的社会关系变量，因此，在模拟这4个村落时宜采用简化变量而细化结构的模型。

应用这一模型模拟，模拟结果如图5-20所示，模拟对现实的拟合准确率在73%-82%范围内波动，与前一模型相比，准确率略低2-3个百分点。

该模型所应用的村落中，部分村落内建筑的具体建成时间无记载，只能通过村内老人口述和实地状貌观察，对建成时间进行大致区间推断，估测范围限制于一代人的发展时长，约60年。因此，模型训练时所采用的空间数据的时间分辨率有时并不能够达到理想数值，例如周田村，至民国时期，其发展时长约300年，根据建筑的推测性建成时间的精确程度（如A建筑建成于1820年—1880年），以60年为时间分辨率，将空间发展全过程的建筑斑块数据划归5个时间断面，生成训练数据。固然，具有较高时间分辨率的空间数据可以训练出更精确的模型，但本模型架构可以经过低时间分辨率的数据训练，通过设置任意的模拟时间步长，推测模拟生成高时间分辨率的空间过程。在周田村的生长过程模拟中（图5-21），所模拟的60年分辨率时间断面上的空间布局及其发展趋势与实际数据基本相符，而位于时间断面之间的空间过程亦得以呈现，为我们难以得知的细微空间过程做出了大致合理的推测。

该模型侧重于在历史信息多有缺失的情况下，基于不同村落演化逻辑共性来设计模拟流程，减少模型变量，增添生长模式切换控制模块。

模型参数层面——

模型参数设置需要在建筑自体生长判断环节与新生建筑选址模式判断环节发挥作用。

在建筑自体生长判断环节，由于出现了非农业村落，难以用耕地面积来控制建筑的生长，所以转向由经济单元的尺度（圆形区域，以待测定建筑的形心为中心，R为半径）和经济单元内建筑面积阈值A_{Ex}来控制，为了模拟现实世界的不确定性，

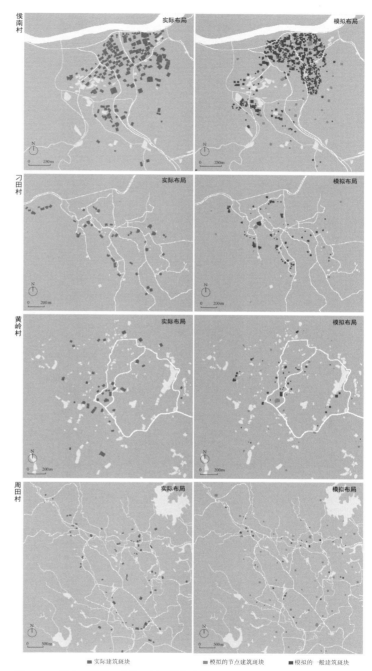

图 5-20　侯南、刁田、黄岭、周田模拟比较

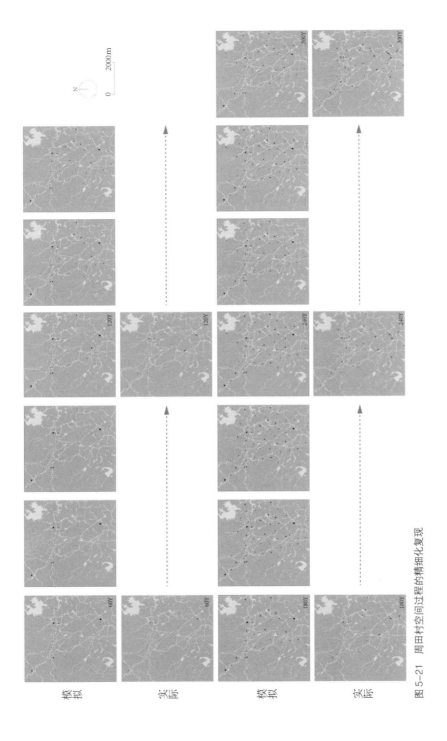

图 5-21　周田村空间过程的精细化复现

我们对该阈值引入随机扰动。

新生建筑选址模式分为节点性选址和非节点性选址。飞地式（节点性）拓展与边缘式（非节点性）拓展的性质界限为距既存建筑的最近距离，我们通过一个距离临界值 D_{Thres} 划分这两种拓展模式。我们观察到以飞地式模式进行空间扩张的选址行为，即节点性选址，近似于周期性发生。除此之外，空间节点在村落发展前期的生成量与发展后期的并不一致。我们设定节点性选址的发生周期为 T_{Inter}，在不同的时期内，设置不同的节点性选址概率 P_{pro} 和 P_{ana}，从而有阶段区分性地控制节点的选址拓展。

4 村落的具体模型参数调整如表 5.4：

侯南—刁田—黄岭—周田主要模型参数　　　　　　　　　表 5.4

参数名	意义	侯南村	刁田村	黄岭村	周田村
D_{Thres}	飞地式与边缘式扩张距离的临界值	120m	400m	275m	600m
R	经济单元半径	60m	200m	138m	300m
A_{Ex}	经济单元内的建筑面积阈值	4750m²	4200m²	4500m²	12800m²
T_{Inter}	经济单元拓展周期	30 年	30 年	30 年	60 年
$P_{(P_{pro} \mid P_{ana})}$	新生建筑为节点建筑的概率（前期概率 | 后期概率）	5% | 10%	8% | 14%	27% | 57%	63% | 32%

模型变量层面——

4 村落模型相应空间控制变量及其样本数据学习结果如图 5-22 ~ 图 5-25、表 5.5 所示：

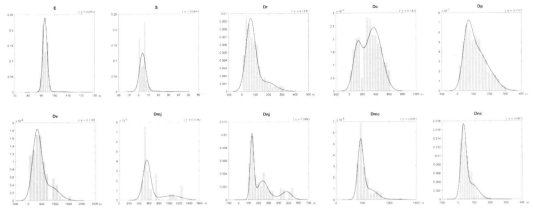

图 5-22　侯南村形态控制变量数据分析

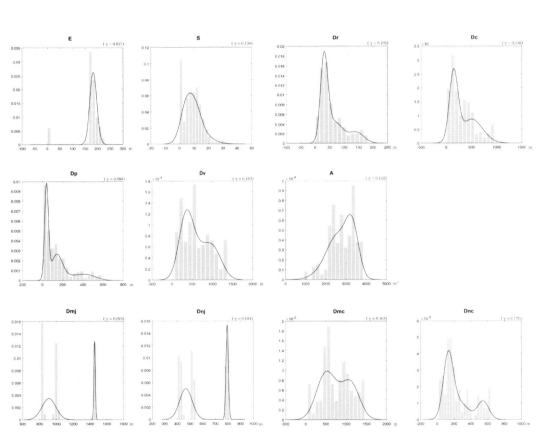

图 5-23　刁田村形态控制变量数据分析

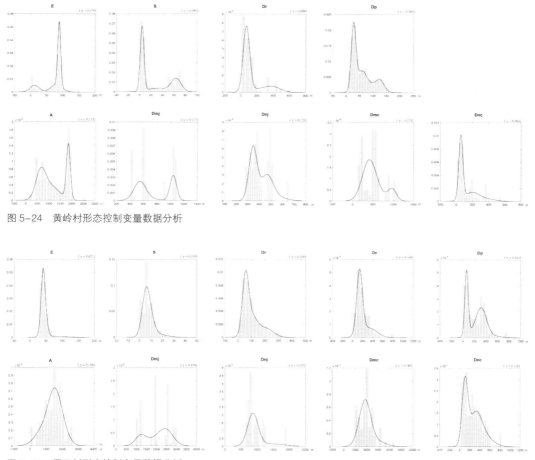

图 5-24　黄岭村形态控制变量数据分析

图 5-25　周田村形态控制变量数据分析

侯南—刁田—黄岭—周田模型控制变量特征对比　　　　　　表 5.5

空间属性	意义	敏感度值				特征值			
		侯南	刁田	黄岭	周田	侯南	刁田	黄岭	周田
D_r	至村内主路最近距离	0.119	0.105	0.098	0.109	67.3m	32.3m	71.1m	58.2m
D_v	至河流的最近距离	0.118	0.163	—	—	331.1m	380.7m	—	—
D_c	至灌溉主渠的最近距离	0.143	0.156	—	0.109	369.9m	145.5m	—	140.6m
D_p	至池塘的最近距离	0.132	0.088	0.100	0.103	71.8m	48.5m	27.3m	62.4m
E	高程	0.054	0.057	0.079	0.071	92.7m	181.8m	89.8m	41.0m
S	坡度	0.084	0.136	0.094	0.105	4.0°	7.4°	4.3°	6.3°

空间属性	意义	敏感度值				特征值			
		侯南	刁田	黄岭	周田	侯南	刁田	黄岭	周田
A	耕作半径范围内宜耕地面积	—	0.145	0.115	0.158	—	$3196.0m^2$	$691.5m^2$ $1840.4m^2$	$153050m^2$
D_{mj}	新生结构点到既往两个最近结构点的平均距离	0.128	0.093	0.117	0.179	551.2m	912.3m 1457.1m	545.5m 1043.6m	2404.1m
D_{nj}	新生结构点到既往非结构点的最短距离	0.089	0.084	0.126	0.157	134.5m	467.3m 792.8m	342.6m	875.0m
D_{mc}	新生非结构点到既往两个最近结构点的平均距离	0.093	0.163	0.173	0.143	463.6m	522.7m	402.4m	1867m
D_{nc}	新生非结构点到既往非结构点的最短距离	0.087	0.120	0.093	0.132	34.1m	132.7m	54.5m	110.3m

5.5.2 模型评价与地域数据特点初步阐释

由模型数据对比大致可见，所选用的空间属性控制变量大多可以对村落形变产生较强的约束力，但梅江系村落和东江系村落只在交通因素（至村内主路的最短距离）敏感度层面具有一定的相似度，所体现出的特征上的差异性是更为明显的。

首先，各村落空间控制变量敏感度值指示，东江系黄岭村、周田村、坑梓村的发展对水源因素（至水渠、水塘等的最短距离）相对更敏感，梅江系侯南村、侨乡村、刁田村的发展对高程因素和既存建筑布局结构因素（至既存建筑或空间布局结构的最短距离）更为敏感，这一区别似乎可以构成区分东江系村落和梅江系村落的主要依据。

其次，各村落空间控制变量的特征值指示，在环境属性方面，东江系村落建筑布局更趋向于靠近水源和主路的位点；而在形态几何属性方面，东江系村落的经济单元的疏散距离尺度极大，约为梅江系村落扩张尺度的 5 倍。此外，两流域过渡地带（刁田村、黄岭村所处区域），村落在形态几何属性方面的特征值指向不唯一，具有较为明显的多倾向性。

最后，模型参数也进一步验证了两系村落之间的差异性，如耕作半径数据、空间扩展模式切换的临界值等数据进一步呼应了空间疏散距离的差异关系。此外，其他模型参数显示，东江系村落的经济单元拓展周期明显更长（约为梅江系的2倍时长），其经济单元尺度虽然相对巨大、人口承载力更强，但其对人地比例的控制比梅江系村落更严格，比例阈值相对降低了一个数量级。在村落空间的拓展过程中，东江系村落更高频地采用飞地式扩张，而梅江系村落边缘拓展式生长更为频繁。

以上数值关系的初步分析结果展现了异地深层文化的比较特征，基于此，在第六章将进行深入详解。

侨乡—坑梓样本村落组以变量主导控制型模型来模拟，侯南—刁田—黄岭—周田样本村落组以参数主导控制型模型来模拟。由模拟效果可见，丰富且具有控制力的模型变量无疑会在一定程度提高模拟的准确率。如果村落可获得历史数据较为多元，且变化细节可以表达得较为具体，那么变量主导控制型模型较优。然而，对于绝大多数传统村落而言，历史数据的数量与质量往往不尽人意，数据采集的难度较高，这些因素均对变量主导控制型模型的创建形成阻碍。参数主导控制型模型虽然拟合准确率略降，但仍在可接受的准确率范围内。面对模拟难度较大的传统村落，与变量主导控制型模型相比，参数主导控制型模型不受限于村落内部的经济模式和社会组织复杂度，应用阻力相对较小，具有更好的普适性。

参考文献

[1] 马克斯－普朗克科学史研究所，上海交通大学历史系.中国陆地测量图（陆测图）（1903–1948）[DB/OL].（2020–07–12）[2022–04–19].https://chmap.mpiwg–berlin.mpg.de/.

[2] 张杰，吴淞楠.中国传统村落形态的量化研究[J].世界建筑，2010（01）：118–121.

[3] 王昀.传统聚落结构中的空间概念[M].北京：中国建筑工业出版社，2009.

[4] 王晓薇，周俭.传统村落形态演变浅析——以山西梁村为例[J].现代城市研究，2011，26（4）：30–36.

[5] 周政旭，程思佳.贵州白水河布依聚落形态及其生存理性研究[J].建筑学报，2018，594（3）：101–106.

[6] 杜佳，华晨，余压芳.传统乡村聚落空间形态及演变研究——以黔中屯堡聚落为例[J].城市发展研究，2017，24（2）：47–53.

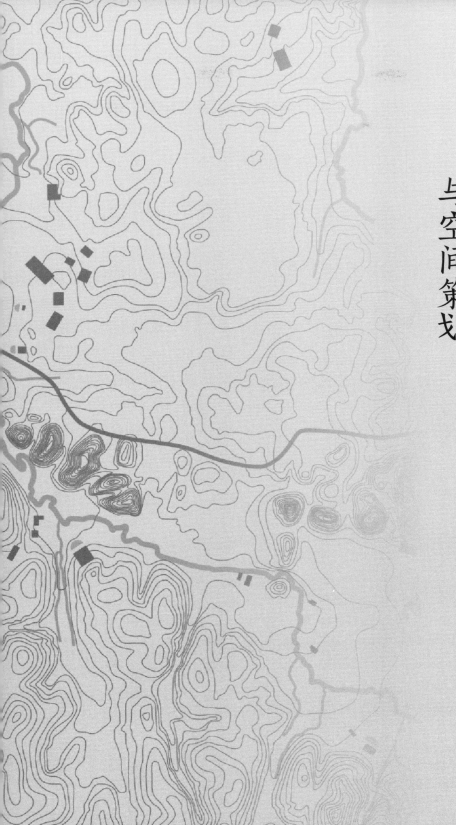

第六章

模型指导下的文脉认知
与空间策划

6.1 读取模型数据的文化意义

村落的空间演化必然无法回避两大方面驱动因素（有时也是限制因素），即经济文脉因素与自然环境因素。各类驱动因素究竟起着怎样的作用？以往的研究可能对"机制"有不同的看法。千村千面，把目光锁定在单一时空，难免管窥蠡测。当我们的观察与模拟贯穿较大的时间尺度和空间尺度时，对照不同村落模型的数据表现，从前臆测的或未知的深层时空规律便得以清晰呈现。

模型是现实世界的抽象化映射，它与现实世界并非也不可能完全拟合。模型数据的意义并不在于个别具体的数字本体，因为它不可能绝对准确，模型数据的重要价值在于通过个体数字，为特定时空做出较为可信的规律特征标记，并通过数据集合暗示大时空格局内的整体发展趋势。因此，我们不妨将样本村落模型数据对照观察，从而探知数据背后的深层意义。其中，上一章所提取的模型参数主要控制模型的全局特征，解释总体格局发展的逻辑规律；模型中的空间属性控制变量主要控制模型的局部关系特征，解释聚落与诸空间要素的作用关系。模型参数值以及模型中的空间属性控制变量的特征值和敏感度值，对空间演化过程的诸作用关系予以定义，对终期形态呈现起到绝对性的控制作用，因此，可以将其理解为形态背后的文化基因。

总体而言，客家人所代表的一系汉族人群，在构建和发展生活空间时，可能会坚持本民系固有的群体组织文化，这反映在相似的空间演化逻辑框架中。然而，在特定地域的空间实践中，人们会根据在地条件选择适地的经济模式，在不同外部因素不同强度的限制与推动下，走向各自的特色空间。

6.1.1 稳定传播的空间文化基因及其解读

在总体格局发展逻辑层面，模型参数指示出普遍的周期性生长规律，并证明了以小亲族为基础构成经济单元进行空间组织这一逻辑的普适性。对于所选定的代表性客家村落样本，无论聚合性村落还是分散性村落，无论由单姓还是由多姓主导的村落，都是基于血缘关系而发展起来的。它们的空间发展遵循着一个共同的重复过程：节点建筑的选址—经济单元势力范围的确立—附属建筑在势力范围内适当填充直至饱和。造成这种空间增殖和扩散的主要动力是客家所处的华南地区传统家庭中户籍与家产的周期性析分。

在聚落内部格局关系层面，粤地客家村落每个生长周期中新生的"一般建筑"会向相邻"节点建筑"所构成的空间骨架汇聚，这一点在村落形态对"新生非结构点到既往两个最近结构点的平均距离"这项空间属性变量的敏感度上得以显现。从中我们可以认识到，在客家血缘性村落中，后代经济单元虽然已经脱离母单元而独立，但仍要求与母单元及相邻单元保持一定的联系。一旦建立了这种联系，每个经济单元内随后产生的附属性实体就会利用并进一步强化这种联系，从而表现为一般建筑普遍依附于结构骨架的趋向。

在聚落与外部环境的关系层面，交通因素对建筑选址具有较强的控制作用。各建筑布局对村内主路布局较为敏感，且与主路的距离多处于 50-250 m 区间范围，反映出陆路交通对人们日常生产生活的重要影响，这似乎是不争的事实。但是如果我们更进一步思考，为什么交通因素能够独立于其他不稳定的环境关系因素，成为村落建筑的稳定关系伙伴呢？这种稳定性或使我们有理由认定，交通要素与建物要素具有一体化共生关系，互为对方生成与发展的因果。囿于历史信息的局限，同时为了建模研究的方便，道路在村落生长中固然被视为一种固定不变的要素，但实际情况可能是：节点性建筑的生成可能诱发了主要路径的蔓延生长，而生长出的路径又成为后续经济范围内附属性建物的生长依托，如此循环往复，构造成建物与路网相辅相成的村落主体形态。

6.1.2 基因分异

粤地客家的聚合性村落与分散性村落在发展的逻辑框架层面固然相似，却也存在一些差异。

在总体格局发展逻辑层面，当村落以飞地式扩张，生成新的经济单元发展点后，该经济单元的生长发育达到饱和时，即建物面积与田亩的比例达到阈值时，与聚合性村落相比，分散性村落所经历的发展周期更长（参见参数 T_{Inter} 的数值比较），经济单元内所容纳的建物面积更大（参见参数 A_{Ex} 的数值比较），经济单元之间疏散距离较远（参见参数 D_{Thres} 的数值比较），村域总体人地比例较小（参见参数 A_{Ex} 和 R 的数值比较）。聚合性村落的动态格局发展原则与上述特征恰恰相反。这些差异反映出不同地域产业的影响。其中，建物面积尺度反映出家庭单元的组织规模，节点建筑之间的几何距离反映出家庭或小亲族组团的空间势力范围的大小。聚合性村落所处地区土地资源相对较少，主要依靠商业资本或侨资支撑当地经济。分散性村落所处地区耕地资源相对丰富，依赖农副业以及从属于农业的商品交易而生存。农业经营比商业管理需要更多的人力，因此在分散布局的村落中，一个家庭单元或小亲族组团需要并且可以吸收更多的合作劳动力，以推动经济单元内建筑规模的膨胀，且经济单元本体发展周期更长。在农业活动在地性的影响下，农业经济实力直接体现在一个家庭单元（由经济单元内的建物承载）所占有的耕地面积上。因此，为了保存发展的实力，家庭单元会有意识地控制其经济单元中人口和土地的比例，这就会导致更频繁的飞地式扩张，以及不同经济单元之间更大的疏散距离。

在聚落内部格局关系以及聚落与环境的关系层面，粤地客家聚合性村落在生长过程中更强烈地依附于由前序节点性建筑所构建的空间结构骨架和地形结构（参见属性变量 D_{mj}、D_{mc} 的敏感度值和特征值比较，属性变量 E 的敏感度值比较），而分散性村落相对表现出对水资源的强烈依附性（参见属性变量 D_v、D_c、D_p 的敏感度值和特征值比较）。分散性村落频繁的外向性扩张和较大的跃迁距离使得这类村落内各经济单元间保持了更强的独立性，其空间的生长与既存空间结构的相关性也因此明显弱于聚合性村落。另外，分散性村落以农业为基础，优越的耕地和灌溉水源条件是其选址的重要依据，其聚落斑块更靠近天然的灌溉水道，并且附近耕地资源往往更为丰富。由于耕地资源相对丰富，分散的聚居点不会刻意节地，常选择坡度适宜的场地营建。而聚合性村落（尤其是农业聚落）常因节地顾虑而在相对陡峭的山坡上营建。出于同样的原因，分散性村落的路网密度较低，为了提高交通的便利性，其聚落斑块比聚合性村落更贴近主要干道（参见属性变量 D_r 的特征值比较）。分散性村落独立于外部经济主体，扎根于当地的农耕环境，注重内部世界的独立运作，它更像是众多的小经济群体通过血缘关系而构建的村庄联盟，每个小经济群体的人口和经济能力都接近于一个微型村庄。

6.2　读取模拟框架的文化意义——东江系与梅江系的文脉重解

在讨论传统村落的扩张模式转变缘由之时，人们多倾向于从外部作用视角来解释这一问题——聚合性村落与分散性村落之间的模式变化或因社会环境变化引起，或由突发事件促动。这些研究将村落的演化分为外部行为干扰介入前后两个不同阶段，在阶段性发展过程中，村落的演化可以从聚合到分散，亦可反之。

那么在自然环境和社会环境相对稳定的情况下，传统村落的扩张模式必然是稳定的吗？现实情况显然更为复杂。我们试图从空间实践主体的内力角度探讨村落形态的变化，基于"绝大多数村落的演化是边缘式扩张结合飞地式扩张"这一假设，在模型结构中增添空间扩张模式选择判断模块，仿真结果支持了这一假设，而这一结果也给予我们更深的思考——即使没有明显的外部干扰，村落的扩张模式也会不定变换。有趣的是，模式变化不是由甲模式向乙模式的单向转换，聚合或离散之间的过渡关系本质上也不是线性的，模式变化呈现出不是很严格精准的周期性，村落发展的最终状态并不是可以准确预期的。一个前期保持着分散格局的村落，可能由于经济单元间距和单元内部人口控制较弱，便逐渐发展成为聚合性村落，而又因村落经济模式的某种转变，在聚合性村落核心区周边或可新生若干零散经济单元，如侯南村、刁田村、侨乡村。与之相反，如果经济单元间距和单元内部人口控制有力，且村落空间边界开放，经济模式稳定，那么分散性的格局便相对稳定，如周田村、坑梓村。

在第四章的村落形态分异初步分析中，我们觉察到村落形态模式对于文脉的钝感和对于在地经济自然环境的敏感性，促使我们既不能依据客文化大体系为粤地客家整体村落模式进行准确定义，亦不能武断地依据不同流域的文化差异，为东江系—梅江系大流域内村落模式予以定式化解析。我们认识到村落形态组织的地域环境依赖性，然而，民系文脉在村域尺度的形态发展逻辑上毫无传承体现吗？通过模型对村落时空过程的复现与规律挖掘，我们从差异性中嗅探到一些相似性，或许可据此对粤地客家的文脉建立新的认识。

从粤地大客家文化圈视角观察，村落在建村初期通常会以散居的布局模式生长，飞地式扩张的概率较高，散村是粤地客家在用地矛盾不甚尖锐的时期对村落形态的自然选择。那么为何聚合模式在建村之初被弃用呢？或许与客家建屋形制相关。一个客家围居的人口容量约为100-300人，这个数量远大于一般的民居组团内的人口容量，大致相当于一个微型自然村的人口规模。限于农地等资源的从属所有关系，在围居立基建成后，在其附属的自然空间范围内部便较难容纳经济集团以外的人口介入。散居模式的选择亦说明，粤地客家村落无论远景向何种经济模式转化，其建立初期多以农业为主要经济支撑，农耕型村落是商贸型、仕宦型或侨资型村落的发展雏形。

从客属文化圈内的大流域视角观察，东江系与梅江系村落各自仍存在流域文脉特点。总体来看，东江流域主干江水贯通、上下游空间深远、通达性较佳、异地沟通活跃，东江系村落具有较大的外延或弹跳式发展余地。在此优势下，村落围居个体体现出极强的自约束个性，尺度规模一旦确定便不会轻易外延，围居内的人口如出现饱和趋势，则会分离部分人口，跳出原围居势力范围营建新居，确定新的势力范围。围居个体的限制性和村落边界拓展的自由性，促成东江系客村更倾向于始终以散村的模式进行空间生长与迁移。与其相对，梅江属韩江上游的分支，其流域空间相对有限，外延发展阻力较大。流域内的人口固然可取道韩江、蓝关外流，但因外围与潮州异文化区域相接，其用地资源并无拓展余地。在这一基础环境条件下，围居个体的延展性较强，延展范围限制较弱，不断承载经济集团内部的新增人口。如果单体围居扩张过大，影响空间使用效率，则紧邻原居建立新居，且较为局限在某一特定高程附近，这就为梅江系客村空间组织模式的发展带来不确定性。其建村之初尚属农耕型散村，发展至中期以后，围居的连片态势明显，或形成条带状集村，或成为团聚状集村，其纯农业经济结构随之出现转型，新生聚落斑块与自然资源的关系逐渐疏离。

东江系客村与梅江系客村的相对文化个性，或许可用两个尺度的约束来定义：东江系村落多强调围居单体规模（小亲族规模）的强约束与村落边界的弱约束，具有较强的空间外向扩张能力，围居选点注重对自然资源的控制优势，与既存建屋和地势的关系较为松散。与其相对，梅江系村落强调围居单体或围居集团规模的弱约束与村落边界的强约束，具有明显的空间填充倾向，围居选点更注重与既存建屋和特定地势的紧密关系。

当然，上述流域特征解析论断只是针对流域内主流代表性村落。从刁田村与黄岭村的部分特征可见，在两流域过渡地带，村落的空间演化呈现出较明显的不稳定性。例如梅江流域刁田村，在空间布局离散度、经济单元规模、对水源的依赖程度方面，以及非结构点生成过程中对既往空间结构的弱依赖性上，均类似于东江流域村落，并在空间结构扩张过程中出现特征值的显性变异；而东江流域黄岭村在空间扩张模式的历史变化、空间结构扩张尺度及布局的紧凑性方面与梅江流域村落亦相似。两流域过渡地带村落演化特征的融合性和不稳定性，亦间接提示了该流域过渡地带自然地理形势的复杂多样，以及人口经济的频繁往来。

6.3　基于模型的空间猜想

时空演化模型基于自下而上的生长原则创建，除了帮助我们印证根据先验知识所做出的逻辑预设，并进一步挖掘未知的历史规律以外，亦可作为辅助工具，细化整合先验知识并将其转化为未来决策的依据。实际上，当模型较为准确地复现历史的过程与结果，并提供空间逻辑的数学描述后，模型对于历史研究本体的意义即已实现。然而，历史总是会、也需要延续到现实中来，这是历史遗产保护从业人士所坚持的价值信仰。纵然我们可以深挖历史，借助语言或符号来记录表达历史的规律，但是如果依托这些描述性的规律来通过设计续写历史，则往往沦为形式化的历史抄袭。模型的出现可将形式化的抄袭转为规律性的模仿，一定程度上削弱了设计的主观性，将形态设计转化为一种形态生成。

如果时空演化模型在当前状态继续运转，空间的变化将按照历史规则推进，最终提供一个由传统价值观指导的空间场景。然而，这种情况只是一种理想状态。传统村落在当代的形态发展，不可避免地受到一些时代条件的规划约束。例如，在历史时期，村庄之间的边界较为模糊，家族的空间扩张受到行政区划的约束较小。然而，当代乡村的发展有明确的边界，不能随意跨越。再如，在自耕农经济时期，土地交易较为自由，住房建设的选址相对自由独立。然而，在当今社会，土地所有权的集体化和国有化限制了土地属性的任意变动。此外，当村内某一建筑或区块获得不同等级文物价值的法律认定后，在其保护区内和建设控制地带内的空间操作将受到更多法定规则的限制。

文化保护不仅仅是对物质文化遗产的保护，还是根植于旧生产方式下的生存理念。时空演化模型给出了一种基于历史生存理念的空间操作导向，或进行村落保护规划前期空间分析，或一步生成尊重历史逻辑的发展场景。在此基础上，规划者可以根据时代空间开发保护规律和准则进行进一步的调整。我们并不认为利用模型所进行的空间预测是绝对的、唯一的、正确的依据，但是利用模型所做出的空间评估或预测能提供一种多因素综合作用效果的客观化呈现，可极大地降低在此基础上所做出的方案调整或发展决策的主观武断性。

6.3.1 基于历史价值理念的空间现状评价

一般来说，越早期生成的建筑，越有机会选择当时的优良基址，并控制较好的空间资源。随着后续村落的发展，中晚期以后衍生的村落斑块改变了原初的人工环境条件，或可能削弱前序建筑的环境优势。如果我们利用模型对当前现状进行评价，较好的模型训练样本一般是生成于历史发展过程中期及以前的样本。而后，利用该模型评估所有地理像元（元胞个体）在当前人工和自然环境条件下的发展适宜性（以发展概率表示）。将这些概率值按降序排列，并根据排序分位将概率映射到若干个级别，概率越高对应的级别越高，并依此规则在元胞空间中用相应的阶梯色进行标记成图。如此，优势地区和相对劣势地区就可以清晰地图示展现，元胞空间中各村落斑块的发展适宜性水平亦可根据其紧邻区域的适宜等级进行评估。

按此法，以梅州侨乡村和深圳坑梓村为例，空间发展适宜性评价结果如图6-1、图6-2所示。为取得较清晰的梯度标记，不同村落所采用的概率排序分位分级断点不尽相同。

对于侨乡村而言，开发适宜性最高的区域主要位于盆地东南部。这些地区保存下来的既有房屋具有突出的地理优势，体现了村落发展的特质。从历史演化价值的角度来看，这些区域作为村落文化展示的中心区域，应该得到精心的保护。此区域及其附近各类发展活动应在进行保护规划时慎重考虑。位于1-2级区域的村落斑块可能代表着发展的劣势地带，它们在未来的发展中不具备较好的竞争力。如果在农村人口减少的背景下发生空间主动收缩，这些斑块可能更容易自然退化。

对于坑梓村而言，开发适宜性最高的区域主要位于坑梓村西侧中心龙田世居附近，另一个极具优势的地区是该村的中东部地带。这些评价也揭示了区域发展饱和危机，表现为该村优势发展区域与龙田世居等既存历史聚落斑块的叠加。这意味着若村落继续在有限的空间范围内繁衍发展，其产业模式将不可避免地发生一定的转变。

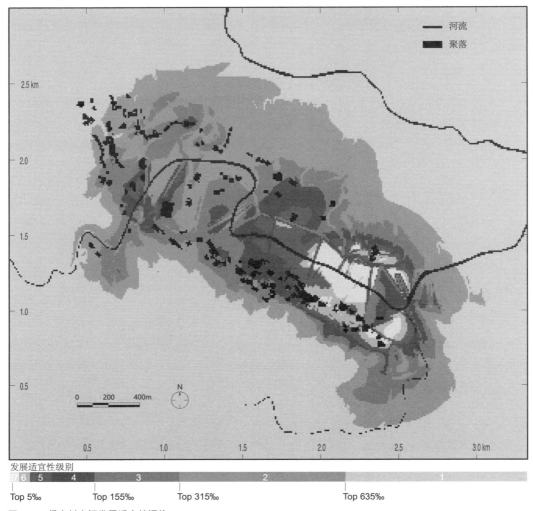

发展适宜性级别

| 7 6 5 | 4 | 3 | 2 | 1 |

Top 5‰   Top 155‰   Top 315‰   Top 635‰

图 6-1　侨乡村空间发展适宜性评价

　　与都市圈的空间增长相反，中国的乡村和一些资源枯竭的城市正处于空间衰退阶段。对于乡村规划来说，住区布局的优化是乡村更新的重点，乡村更新强调减少已开发土地，或者进行居住用地的迁并整理。然而，对于被认为是有形文化遗产的聚落，由于其生计不一定依赖机械化农业或第二产业，那么向村庄中心过

　　　　　　　　　　　演化与复现——粤地传统客家村落时空动态模拟

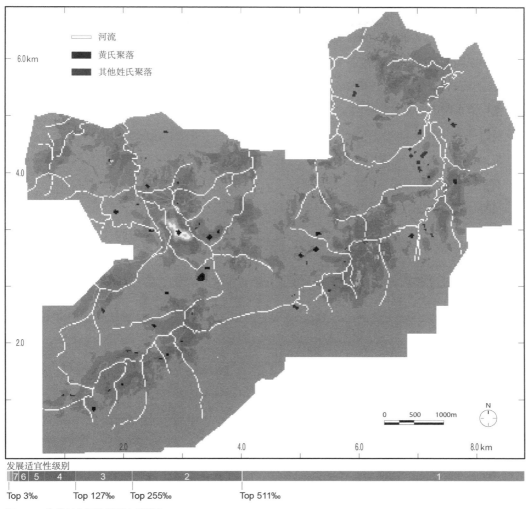

图 6-2　坑梓村空间发展适宜性评价

度整合聚落可能不是一个合理的选择。不十分紧凑的村落格局遵循着它内在的经济、环境和美学逻辑。在这种前提下，如果对村落布局的调整是必行的，那么通过模型评估处于不利位置的斑块，或许是进行优化更新的较适宜对象。

6.3.2 延续文脉的空间格局拓展

历史逻辑是传统村落空间文脉延续性演化的重要依据。村落的活态保护需要维护村落形态随时间变化发展的客观性与开放性，并将发展与保护进行协调。在城乡互动和时代发展的推动下，如果村落斑块继续生长以供现实的功能用地需求，其区位和规模应在较大程度上呼应历史逻辑以保护传统空间结构文脉。为此，时空演化模型基于当前村落状态继续运转，即可探索符合这种价值观念的空间远景。

仍以侨乡村为例，模型所预测的100年后远景如图6-3所示。预测结果表明，

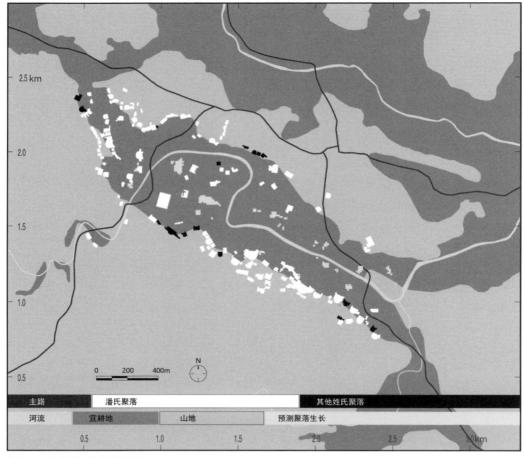

图6-3　侨乡村发展格局预测

如果将乡村服务相关功能引入该村，或者进行用地整合，那么村落中心区域和沿河地带将是契合历史逻辑的选择。

模型的预测可以提供传统原则主导下的发展情景，从而助力村落保护规划和管理决策。然而，它的适用性在很大程度上取决于社会对将传统逻辑纳入生活和经济决策的接受和认可。如果未来这个村落的保护性发展以一种历史认同意识为指导，在地民系的组织模式及其传统经济在当代中国或许有机会以某种替代模式生存下来。将该模型预测结果纳入村落远景发展计划中，可以确保新的建设将与历史部分相协调，并呼应乡村的环境条件。

6.4　研究展望

6.4.1　模型的局限

基于元胞自动机原理的村落时空演化模型对于村落历史演化的再现，实现了历史时空动态过程的可视化还原，以及演化规律的量化；模型在空间分析和远景预测方面的应用，实则加强了我们对历史数据和知识的利用。

然而，我们必须接受两个事实。

首先，模型不可能是完美的。它之所以被称为模型，是因为尽管我们在模拟过程中尽可能接近现实地提供了必要的规则和轻微的随机干扰，但它为了演示的目的而对真实世界进行了简化。此外，控制变量的充分性在一定程度上也影响了仿真结果的准确性，有时即使我们通过田野调查了解到某些变量的重要性，但由于缺乏相关的历史数据，使得它们难以纳入模型。基于此，我们对模型效应的判断应更为现实。

其次，村落时空发展过程长达百年以上，期间生长模式变化频繁，而生长变化可能并不总是理性的。例如，随着有限的区域内人口增长过剩，人与土地之间的冲突将投射到地理空间上，历史上村落内某个不适宜居住的地方也可能形成定居点。这一现实影响了机器学习样本的选择。

村落数据的非绝对充分性，以及村落历史发展逻辑的非绝对稳定性，均会导致模型与现实之间不可避免的差异。从这一现实出发，假如村落时空演化模型精准无误地复现出历史全貌，反而令人疑惑模型是否进入了过拟合陷阱而丧失普适性。相对城市演化模型，我们应当容许村落演化模型具有偏低的拟合度，只要模拟像元个体在空间上大致接近现实情况，并且模拟斑块群体格局较好地反映现实空间结构个性，那么模拟结果便可视为有效，模型在后续保护规划中给出的导向便具有一定的可信度。

6.4.2　模拟平台建设

村落空间的模拟研究尚需有针对性的操作平台。业已建成的模拟平台，如FLUS、PLUS等，主要在用地类型的多样性方面寻求模拟的突破，但针对小尺度、分散化斑块的生长模拟效果欠佳，且较为局限于分析两个时间断面间的变化规律，提取规律后所展示的模拟结果亦为一步生成，而非渐进生成。

本研究所创建的时空演化模型基于数学编程平台，实现了机器学习的完整流程，提高了模型对小尺度散碎斑块模拟的准确性，更重要的是从多时相数据中提取综合规律，使模型可以按照任意的时间步进设置来自动模拟空间发展的全过程，而非只给出一两个时间断面的空间形态。然而，该模型尚停留在程序阶段，未进行操作平台建设。后续将完成这一工作，推出更易操作的模拟平台，降低模型使用的技术门槛，推动模型在空间实践中的有效应用。

6.4.3　智能模型在地理空间研究中的角色

机器学习在短短10年左右的时间里，超乎寻常地渗入人们生活的方方面面。当本书作者最初因探讨村落演化规律的迫切需求而触及机器学习这一工具之时，正值智能模型在地理空间研究领域的快速推广阶段。然而，在阅读相关研究文献时，作者亦产生了强烈的困惑。本领域时间较近的前期研究十分执着于"拿来"数学领域层出不穷的算法，将其整合入模型，并通过模拟对比来讨论哪种算法更为准确。这类研究未能在方法层面进行创新，因为方法本身来自其他学科领域；同时也未能给出足够的空间知识，因为这类研究的本质目的是说明外领域的几号工具更适合哪块空间的研究操作，并不倾向于阐述借用工具所挖掘出的本领域中的未知。

佩德罗·多明戈斯所著《终极算法》实际上给出了一条有趣的论断：在算法界并没有免费的午餐，所有算法都是优势与劣势并存。选择了某一算法，意味着你将获利于其优势，同时容许在其缺陷处做出牺牲。从这一论断出发，我们应该意识到，研究方法与研究对象具有适配性，依托个别的空间实例探讨比较不同的方法的优劣并不具有任何实际意义。

本书所提出的村落时空演化智能模型，实际上是针对特定研究对象（粤地传统客家村落）、特定研究目的（挖掘提取历史规律并一定程度指导空间实践）来论证选择适配性的机器学习方法的结果。通过模型的演绎，我们验证了基于田野调查和文献调研的先验知识所做出的推理与猜想，认识并整合了空间演化过程中十分复杂的村落内力作用与环境外力作用，并将这种作用继续推进，代替了凭空臆想与手动勾绘，自动地生成人力难及的自然化的发展结果。

作者有理由相信，在不同类型的地理空间研究实践中，诸如城市、村落、无人工介入的纯粹的自然乃至纯粹人工搭建的环境等，我们所面对的对象特征不同，遇到的约束问题难尽相似。方法与工具并非本领域的研究目的，回归学科本体，如何针对不同的对象、根据不同的研究目的选取合适的智能方法以克服学科内问题的瓶颈，才是未来广域人居环境和自然地理领域应当致力的研究方向。

6.4.4 天然性审美

当代机器学习不代表现代主义时期柯布西耶所提出的机器美学，实际上它的美学底色并不取决于工具本身，而在于学习对象。

中国传统空间设计与场地规划中是强调"天然"审美的。中国古典小说《红楼梦》中"大观园试才题对额"一回，作者借贾宝玉之口，将中国传统意识里的"天然"审美解释得蔚为精彩：

"……此处置一田庄，分明见得人力穿凿扭捏而成。远无邻村，近不负郭，背山山无脉，临水水无源，高无隐寺之塔，下无通市之桥，峭然孤出，似非大观……古人云'天然图画'四字，正畏非其地而强为地，非其山而强为山，虽百般精而终不相宜……"

无论何种尺度的"人造"，无论写意还是写实，均需"有自然之理，得自然之气"。这种"理"或"气"体现在自然要素以及其他人工要素与建物的空间关系上，这是建物体宜的第一层次体现。只有取得合宜的环境关系，才值得去探讨第二层次的体宜，即建物自体的精陋。中国古典文化秉持着天然性审美，实际上是对于自然空间理性的强调。如果自然原则较为复杂，超出了设计者的理解控制能力，机器的介入亦无伤大雅。

随着人工智能在自然语言、自然图像、逻辑竞技等方面的介入，智能的"作品"产出让我们看到机器所学习出来的"天然"具有超过一般"天然"水平的能力，这是因为人们在用极为优质的样本数据对机器进行训练，所得结果自不会失于水准。在村落建设中，如果邀请一位设计师与机器一起学习历史形态，各自设计出有传统逻辑的空间形态，那么从形态表象到内里逻辑，机器学习的成果很可能比设计师的表现成果更为"天然"，并且可以根据环境的变化而推导出理同形异的成果。从知识学习效率和表达效率上，人工智能有能力在"天然"环境推理上表现得更为优秀。

智能机器美学与天然性审美并不构成矛盾，关键在于机器学习的对象（即数据源）是不是对自然原则有足够的表达。在空间规划设计领域，机器学习是辅助人们寻找"天然图画"中空间秩序的有效工具。当然，工具使用是否得当，需要我们不仅在工具设计方面，还要针对工具所应用对象，在数据储备和先验知识储备方面做出必要的探索。无充分调查而展开空间推理，即便人力设计亦不免僵化；基于有效调查所获得的知识积累，可以充分激发利用机器处理复杂问题的能力，从而取得超越人力、比拟自然过程本体的呈现。

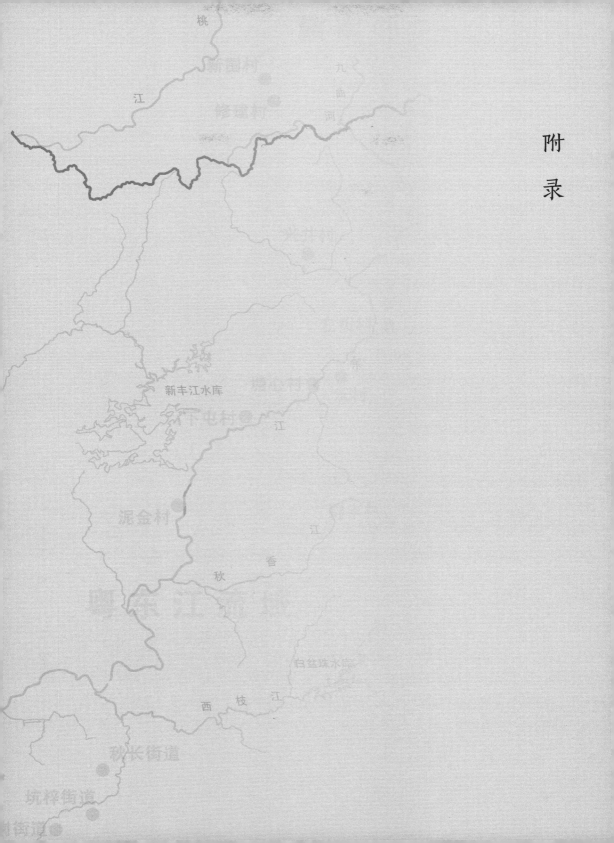

附录 1 相关县志节选

民国《大埔县志》

卷三 地理志·百侯甲

本甲在县城之南，中心距县城七十里，东界白寨甲，西界同仁甲，东南界兰沙甲，西南界源高甲，北界岩上甲。警区及民国十七年办治安会分区，均合白寨甲、大产甲，称百侯区学区自治区，自为一区。梅潭河自东部入境，至西部出口流入同仁甲，横贯全甲，划为溪南溪北两部。南部诸山由西岩山分支经帽山分布全境；北部诸山由虎耳崠分支分布全境；南部一小溪自帽山发源，至曲滩入河；北部一小溪由岩上甲交界地发源，经乌石坑至旧寨里，与松柏坑流出之水汇合，至车头对面之汤下入河。

全甲四边皆山岭重叠，小村环列。中部一片平原，东西约十余里，南北约七八里，是为百侯村。村之南部有百侯墟，商店一百四十七间，营业颇盛。附墟为人烟最繁密处，警察、区属治安会、邮政局均设于此。水陆交通，有小舟溯梅潭河上通枫朗及至平和界，下通同仁甲之湖寮。陆路，向东一路经枫朗达饶平及平和县境，西向一路经湖寮至县城，北向一路经松柏坑过岩上甲亦可达县城，东北一路由石子岭往大塘头可至平和，西南一路越吊梨凹至高陂。

卷三 地理志·百侯村

区属所在地距县城七十里。东接白寨甲，西接五斗背。全村以梅潭河划分溪南溪北。其东部曰车头曰坪头。居民溪南多杨姓，溪北及车头多萧姓，坪头多邱姓，共计一万二千七百二十八人。少数业农，多出上海南洋各地谋生。内有烟丝厂十余间，出产颇大。

卷四　地理志·大河

发源于汀州。经上杭峰市，乱石堆积，冲击险阻，曰棉花滩。历五里，永定之水入焉，是为埔（大埔）杭（上杭）永（永定）三邑之界，其地为虎头砂。入埔境后有滩曰刀背滩，其下为磜坑，舟楫多止于此。南下数里，长治清溪之水入焉。又十里，平砂之溪水入焉，有滩石，曲折奔溃。经二里许，曰长磜滩。折而东，至滩阴下，又东北，至黄石下，复折而南，直趋县城神泉市，故亦称神泉河，或称汀河。自虎头砂入埔境至县城，凡四十里。

经天印山下，会小靖溪漳溪河二水。出狮子口，折而西南约二十里，至于弓砂。折而西又数里折而东南，至洲角院，清远河之水入焉。直趋三河，小河之水至三河入焉。由县城至三河，凡四十里。

过三河，南行至合口塘。略偏西南，至大麻。折东南，至于恭洲。又西南，至银溪口，银溪之水入焉。又东南至于高陂，乌槎及下漳溪之小溪入焉。由三河至高陂，凡六十里。

逾高陂折而西南二十五里，至壁石，出埔境下流，经𤩽隍东南而趋潮州，统称曰韩江。在埔境内有沙滩淤浅者四处：一为三河上十五里之浒田，一为大麻下五里之裕州，一为恭州下五里之银滩，一为高陂下二里许之龙江寺。秋冬水涸，颇不利于舟楫。

卷四　地理志·清远河

一称梅潭河，其源有二：一出福建南靖之象湖山，经平和，至赤石岩始通舟楫入埔境；一出平和之长乐墟，经官宅至赤石岩下五里汇合，自大产甲之白富入埔境。西至武坑，折而北至大塘头溪口，折而西至石壁下，折而西南以至枫朗，折而北以至百侯，又西北至湖寮，莒溪之水入焉。出河头，多石滩，曰梅磜滩，以下曰梅潭。由韩江上行之舟楫止于此。又西北二十里，至洲角院入于大河。

卷四　地理志·险隘

大埔居粤省之东边，与福建之上杭、永定、平和接壤，实为粤闽交通孔道。自宋元之际涂氏筑城于此，据上杭、金丰、三饶、程乡之地，割守二十余年，始归于元。厥后历元明清，以迄现世。每有战争，莫不以此为险要地域。自全省形势言，则大埔全邑实广东一险隘也。

以全邑形势言，四面皆崇山峻岭，疆界划然，诸山余脉蜿蜒交错，低洼之地皆为河流所经。北而汀州各县，东而平和，西而梅州五属。诸水汇集其中，并为韩江，南注入海。故兵事上之进退攻守罔不利用韩江之便以与潮汕交通。沿江之岸，埔城驻重兵，可以控制上杭永定；三河驻重兵，可以控制梅县；高陂驻重兵，可以控制饶平、平和。得此可以进闽赣，失此则潮汕不可恃。是埔之县城、三河、高陂三者不唯全邑之要地，抑亦潮州各属之险隘也。

卷四　地理志·附蓝鼎元大埔县图说

其川之大者有三：曰大河，曰小河，曰小溪。

大河在县西，上接神泉河，合大靖小靖诸溪之流，凡水自平和、南靖、永定、上杭来者皆入焉。潮人赴闽、汀、江、浙必由之水道也。

小溪在县西南，自平和赤石岩而下，合清远、黄砂诸流，曲折北注于大河交汇。潮人由平和入漳州必由之水道也，至赤石岩而陆矣。

小河在县西北，源出惠州之龙川，合长乐、兴宁、程乡、镇平诸溪之流下三河。潮人赴江西、广西必由之水道也。

凡邑之水皆汇三河。三河在县西四十里，为四郡往来要冲。明季设三河司巡检，筑城守之，至今不废。

乌槎巡检司距县百里，在高陂有山径可达饶平。大产司在县南百里密迩平和界，皆盗贼出没要害也，采险峒岩不一。其地，若枫朗、坪砂、虎头砂、阴那口、鸦鹊坪、天门岭诸要隘，崔苻作孽，咸在此间。九峻山羊肠九折，为饶平捷径，山寇张琏之所巢也。长窖在县东北十里许，土贼钟七钟八跳梁处也。铜鼓嶂在县西八十里，程乡、海揭与埔邑各分一面，古为盗窠。明末钟凌秀弄兵于此，皆留心防御者所不可略哉。时际隆平，山无莽伏，讲孝悌，力田垦，辟蒿莱之政，修陂池水泽以利涧谷，冈阜皆种竹木，槎蘖伐夭并为万禁。财用足而礼义兴，虽弹丸小邑，泱泱乎大国风矣。

卷十　民生志·农田

吾邑山多田少。全邑田亩总额旧志所载，有万历九年已经清丈一语，自后迄无清丈，确数无可查考。但据旧志田赋门科则中所载，自雍正四年裁汰澄海所，归并大埔后，原额田地、山塘、溪埔及额外升科、陆续承垦、归并屯田，共九百二十八顷二十一亩四分余。距今年代久远，变更自多。欲明确数，非经实地清丈不可得也。

邑人称，田亩向不以量数计算，契券所载皆以容种若干斗称之，且所称容种若干斗者又非实在需谷种，如此甚多也。大抵村面平旷之田，插秧较稀疏，所称一斗种者，实在以三升谷种插秧，可敷分布，收获可得二石余；山塘阴冷之地，插秧较密，所称一斗种者，实在需五升谷种插秧，始敷分布，收获可得一石余。至若干容种始合一亩之数，亦毫无标准，约略计之，大抵二斗种可合一亩。田之肥瘠，俗以阳田、山田别之。阳田可分二种：第一种，村面广阔可收早晚两造者，可谓之上田；第二种，附近河岸者，虽土地肥沃，上季常遭水患，早稻失收，仅晚稻得收，成一造，可谓之中田。至若山田，亦可分二种：第一种，两山之夹，平沟为田，广仅数丈或仅数尺，山影阴沉，泉流冷浸者，或称山塘，或称湖洋；第二种，掘山成级，引水为田，土质粗劣者。此二种仅可收早稻一造，可谓之下田。阳田土地较肥沃者，晚稻收成之后，更可植麦。待次年三月收麦之后，仍可插莳早稻，可以多收一造。只以植麦而肥料不足者，往往早稻有欠收之虞。故农人植麦者犹不甚多。至冷浸水田或山田土质粗劣者，则虽有肥料亦不宜植麦。且阳田所植之禾，粳糯俱宜，大都禾茎软、谷壳薄而米质精细者。唯山田所植之禾，多为冻背粘一种，禾茎粗硬、谷壳厚，米色赤而质粗。倘植以阳田之禾种，则谷未成熟茎已经弯折匼地，如席沾水而腐化，不得收成。此阳田与山田之比较，实相去至远也。村乡较小之地，其所谓阳田亦有不宜于晚稻者，只宜栽种番薯。当早稻未收之前，先禾，使田干晒。刈稻后即将田土犁松打碎，拨之成畦，栽插尺许之薯藤。至十一二月，藤老刈去，专供饲猪。掘其地下块茎储之，以供食料。故邑中小村乡人家，冬春间皆以番薯为粮食之大宗。

上述阳田、山田之外，尚有旱地两种。在平旷之地因不得水利不可以为田者曰埔坝，依山垦植者曰畬（畲）。此种旱地稍肥沃者，早季宜粟、宜旱稻及高粱、玉蜀黍等，晚季宜番薯、蔬菜等，稍瘠者仅宜番薯。若在沿河两岸者，尚有过冬番薯一造，冬栽春获，与麦相等。此种旱地可资耕作者，如三河、高陂、同仁、百侯各区，为数颇不少，亦各有升科纳税。

邑中田地自耕者为多，佃农居少数。合邑人风俗淳朴而勤劳，虽富厚之家亦略事耕种，不愿脱去田家生活。且邑中殷实之户亦极少大地主，以一家收租谷百石以上者已不多得。因田地稀少，人皆留以自耕，虽有重金不轻易变卖。间有少数乡村全村皆佃农者，大都系各大族祖尝田业。据所传闻，明末时代，赋敛繁重，自耕者恒不敢有其田，宁愿贱价求沽于望族，自居佃户，藉讬庇荫，故其租额亦比较特轻，往往佃七而主三，甚或佃八而主二。至大概佃耕之常例。阳田工作较省，租亦最重，收获之谷多为主佃平分。山田工作多而收成少，则佃六而主四，或至七三不等。唯所有佃耕田亩，除纳租谷而外，约一斗种以上之田每年需纳鸡一觔，名之曰信鸡，不知其何所由来也。

间亦有全村佃农之地，田主对于佃户多所需索者，除租谷信鸡之外，田主率多人向佃收租，从事挑运。佃户应具酒菜饭飧以为接待，且需制备米饭馈赠其家属，曰田头饭。每五年或十年须转批一次，转批时若干人至佃户之家，具酒菜款待，立批后，每人又须饷以号资若干，曰批头钱，甚或佃户所备家常杂物任意取索。主佃之间恒至互闹口舌，田主辄以吊佃为胁迫之端，佃户则联同罢耕以为抵制，另招佃户往耕他佃，多不过问。近数十年，民智渐开，邑人经济多求向外发展，为佃户者不必专恃佃农为生，多能出外经商，渐致丰裕。为田主者已不专靠祖宗遗留之谷石以资度日，且以祖宗遗留之业多属轮流经管，只好表示和柔亲善以避免抗欠。故此种不良之弊已罕有所闻。

邑中田地之买卖俗称“活契”“尽契”两种，活者典按之谓也，尽者断卖之谓也。活契之中有不将田过管，仅每年认纳利谷若干者，亦有将田过管，任承买人另自招耕者。其为价值大抵视其田可收租额，一石者值价三四十元，契内书名限五年或十年之后月日，对期银到契还。如未及年期欲提早赎回者，须酌贴承买人以利息。此种活契田值比较尽契低减甚远，所以然者，盖活契多已载明永远可以收赎，如经年期久远，则因社会生活高涨，货币之真价必逐渐低落。如十年前之货币与现在之货币比较，其真价不啻相差一倍，故承买者须多取逐年之利以偿其货币低折之暗耗也。若尽契之田值，则视其田，可收租谷一石者，值价在一百元左右，甚至值二百元者亦或有之，视各区之殷户多寡而异。且尽契田业变卖之后尚有多种花样，曰翻沟，曰赠凑，曰找洗，皆属卖户向买户额外之索取，故凡断卖田契，其中恒书之曰："一卖即休，永无收赎，并不得有翻沟、赠凑、找洗情事，以为杜绝枝节。"

此外，卖买田业尚有粮田质田之别。粮田云者即系自己所有自己纳粮之田业，其义甚明。唯质田一项，官斯土者往往不得其义。盖质田云者，即佃户有永耕权之田也。如前述，全村佃农之地，其租额特轻，假如其租额佃七主三或佃八主二，其田又自上代遗流已有永耕之权，于是佃人即将此田视为自己有一部分所有权在内，与自己之田无异，可以将田转卖与他人耕作，每年仍向承买者收租，或自纳虚租以应田主。但此种买卖契券中只书退质、不书断卖典当等字样，故曰质田。因有此项事实之关系，于是田主之田已与人永耕者，如欲将其田转卖与他人时，必先向佃户脱佃清楚，然后得在契内书明"粮质归一，任买人吊佃过耕"字样，否则只能书之曰"递年对佃户某某收租若干，佃户之质权仍然存在，买主执此契券不得任意吊佃"。田主向佃户脱佃，视其租额之轻重为衡，颇无一定之例，大抵尽免一年田租者有之，免一季者亦有之，免一季之半数者亦有之。

农田作物，稻及番薯而外，近数十年有以田植柑橘者，或植甘蔗者。大宁、维新及同仁、百侯、石云等甲，早季多种烟叶，下季继以植芋，其收成为较丰。至旱地之埔坝，则有植黄麻、靛青等物者。近年洋靛流行，土靛不易售出，种者已渐少。唯蚕桑一项，绝对无有。同治间曾有一任县知事，力劝全邑种桑，从之者颇众，纷纷以田植桑。殊所出蚕丝已不易售出，且养蚕之法未精，一岁风雨失调，桑蚕尽死。因此皆视为畏途，复去桑而植稻。

卷十　民生志·水利

以人工建筑陂圳宣导水流，营溉种之利，是曰水利。谋水利之道有种种，方法不同。从高处筑陂开圳注溉低处田亩者为最。从平处溪流疏沟引水，使支派纷繁，随时以人工器械自沟汲水灌溉者次之。择低洼之地浚之为池，储蓄雨天余水，备旱时以人工器械汲为灌溉者又次之。吾邑地处万山中，无广大之平野，从溪流中疏沟引水者绝然无有，浚池蓄水者偶亦有之，殊不多见。唯筑陂开圳引水注灌者各区各乡莫不有之。其工程之大者或至万数千金，小或百数十金不等。

卷十一　民生志·国内各地

（一）旅省（广州）

……

（丙）旅居人数及职业

据访员报告，现在旅省人数，计经商者三百五十余人，业铁器者百人，各校修业者五十余人，党政界八十余人，军界十余人，未有职业者三百余人，业捐务者三百余人，共约千余人。附近各小埠未计其职业，有黄烟店十一家，铜铁业二十四家，银业五家，西药房二家，中药五家，矿业一家，染店一家，旅社一家，理发店一家，张家祠一所，此外税捐公司五家。

（二）旅汕（汕头）

……

（丙）旅居人数及职业

旅汕埠人，据汕市公安局户籍股十八年度统计，有十四岁以上男丁一千五百一十七人，女口五百三十二人。在校修业不计年龄之学生一百零二人，女三十八人。六岁以上十三岁以下之学童，男一百六十三人，女一百五十六人。

五岁以下之小童，男一百四十人，女一百三十一人，共计二千七百七十九人。其职业有银业七家，汇兑业二家，代办行三家，绸缎布疋二家，洋杂货行六家，汕樟轻便铁路公司一家，织造工厂一家，医院三所，中西药房共十家，牙科一家，米业四家，京果一家，客行十家，五金行六家，裁缝业二十六家，茶烟行二家，柴炭行二家，汽车公司二家，酒食店十一家，染布场一家，机器业一家，英文学塾一家，豆腐干店十二家，青果店一家，理发店二家。军政、学、报、捐务、各机关人数不定。

（三）旅潮（潮州）

……

（丙）旅居人数及职业

统计城厢内外旅居同乡约三千人（附属小埠在外），有采办行十三家，银业五家，药材店七家，盐业五家，西药房五家，茶烟行店十一家，豆腐干店七十一家，裁缝店七家，铜锡店一百二十余家，雨伞店五家，客栈八家，轮船公司九家，柴行五家，竹行十家，木行四家，织造工厂一家，杂行二十余家。其他在党政、军、学、捐务各机关者，去留无定，未及统计。

（四）旅菴（菴埠）

菴埠为潮安属一大市镇，韩江下游船舶已通，又为潮汕铁路经过之地，设有车站。距潮州六十里，汕头仅三十里，交通极便。从前埠人旅此者甚多，以裁缝打锡两业为多，黄烟药材豆腐干等店次之。现虽渐少，而商店住眷尚数十家，人数约二三百人，较浮洋、彩塘等乡为多，异日公路告成，与汕头必有并合之势，而另成新局面也。此外邓家围邓姓百余人，均由东文部迁寓，历百有余年。清以前，婚嫁读书均必回邑，故语言毫未变迁，近已稍变，将来能否保存，不可知矣。

（五）旅东（东陇）

东陇为澄海属一大市镇，海禁未开，以前繁盛过于汕头。盖韩江至潮州分而为二：一经菴埠，一经东陇，始汇汕头。出海小火轮、篷船均可达。从前埔人旅此者颇多，汕头繁盛，乃渐次减少。现有苏广杂货店一间，药材店一家，缝衣店八间，锡店七间，打铁店九间，豆腐干店二间，计共二十八间，男妇一百四十九人，团体组织有八属会馆分会。

（六）旅丰（丰顺）

丰顺与埔南壤地相接，韩江一水相通，故丰属各市镇，如隍、汤坑、黄金市等处，埔人营业其间不少。隍有当店、锡店数间，旅居者多家。汤坑亦有之，但无访稿，未知其详。兹将何矧堂《黄金市访稿》录下。

埔人旅居黄金市之状况

黄金市在丰顺县丰溪下游，距隍三十里，有篷船可通市内。店铺三百余间。民国十八年以前，埔人旅此者二百余人，商店二十一家（多属中兰人，百侯人亦间有一二），营业酒米京果者为多。药材、布疋、洋杂货、木工、锡工亦皆有之。自十七年……生意非常冷落……埔侨因此歇业囘邑或移往别处者已十有一家。留在市内勉强维持者，只余……两药房……四酒米京果店……洋杂……糖果……木匠……打锡店十家，旅居人数仅百数十人，到此者有今昔之感矣。

（七）旅松（松口）

……

（丙）旅居人数及职业

常住者二百余人，有大小商店三十余家，以裁缝、木匠、铜铁工业为多，中西药房及杂货店次之。

（八）旅隆（老隆）

……

（丙）旅居人数及职业

埔侨人数共计三百余人，商店四十八家，其营业多数为海味、京果，次为平码行、煤油公司、瓷器、书局等类。

（九）旅蓝（蓝口）

……

（丙）旅居人数及职业

旅居人数共一百九十三人，商号三十五家。营业种类大抵为京果、烟丝、酒米、糕饼、布疋、药材之类。附属各小埠共有商店三十一家，人数约一百五十人。以善举著者有邓际云费数万金建筑石桥多座，此外热心公益享有荣名者亦有多人。

（十）旅惠（惠州）

惠州为东江重镇，商场甚为繁盛。唯埔人旅此者尚属少数。据访稿，仅有商店二家，人数二十一人，岂因连年丧乱裹足耶，抑访稿未详耶？

（十一）旅源（河源）

河源县为东江一大市镇，埔人营业者自昔已多。年来兵匪交乱，商场零落。设有旅源同乡会，访稿简略不详。现邑人旅此者现存三十八人，商店八家。

（十二）旅三（三水）

……

（十三）旅沪（上海）

……

（十四）旅苏（苏州）

……

（十五）旅厦（厦门）

……

（十六）旅漳（漳州）

……

（十七）旅汉（汉口、武昌、汉阳）

……

（十八）旅烟（烟台）

……

卷十二　人群志·氏族调查表（节选）

区属	住在地	何处迁来	现传几代	人口数
丘姓				
第六区	百侯甲坪头	福建上杭县	廿一世	九百
池姓				
第六区	百侯甲曲滩	福建宁化县	廿一世	一七七
李姓				
第六区	百侯甲百侯	上杭县官田	十六世	一八五
陈姓				
第六区	百侯甲百侯	福建宁化县	廿一世	七二
杨姓				
第六区	百侯	宁化石壁村	廿四世	八五五二
钟姓				
第六区	百侯	福建长汀县	十四代	一二
萧姓				
第六区	百侯	江西泰和县	廿四世	四五一九

民国《和平县志》

卷一 舆地志·河流

本县河流大别为洴头水、县前水、鱼潭水、江广水、三阁水、青州水。分述如下。

洴头水有三源。西源自九连山鹧鸪石，东北流经曲潭、李田，至石龙头与北源合。北源自黄田，东南流经洴头墟，至石龙头与西源合。东源自五花嶂北麓，西流至洴头九公庙汇合西北源。南流经上下水、马坑径、上下热水，折向东南，流经回龙东北，至合水与县前水汇合。

旧志载，合水右江是洴头水，发源自江西龙南县之牛岗峒，经洴头、热水，至县十五里合左江县前水，南下九龙合彭镇古镇马塘水，至东水合平虎镇水，由龙川入于大江。

县前水有二源。东源自漆木坳，经汤湖坝，至大利坝沙前与北源汇合。北源自五花嶂东南麓，经平坑，至大利坝沙前会东源南流，经县城前大坪，至合水会洴头水，名洴江。东南流经乌泥坑、林寨，折向东流至九龙会鱼潭水，名和平江。再向东南流经东水，至牛角龙入龙川江。

旧志载，水所以界龙，就和城论，其右边脉水自上洴野田过峡，左边界水经洴头、热水绵延数百里，至合水与县前水合。其中一自五花嶂，至社前会汤坊、车头二水；一自漆木坳，至峡胫会车头水；一自大门山，至社前会周镇水。赵田水源出犁头寨，由社山至司前会前三水；大楼水源出才子坑，至小溪会大江；黄沙水源出李礤，至郭前会大江；均坑水源出神安，至神前会大江；老虎坑水源出白水礤，至果子园会大江。由是诸水汇聚成腰带，环绕县城……会九十九礤，由那尾至铁潭、作下关，会大江水。从此重叠关锁，至合水会洴，方总峡水。由是水南下九龙迳，合彭镇古镇马塘水，至东水合西江，由龙川入于河。

鱼潭水有二源。北源自下车乡之暗暮山北流经枫树园、樟坑、鸠山，折向南流向黄陂、长塘、牛岗地，会石村水，至河明浪与西源合。西源自紫云嶂西麓，东南流经银湖径，至石牙背会均石水，经油竹坝至河明浪会北源。至大鱼潭名鱼潭水，经乌鹧滩南坝低坂口会贝墩水，至白坟前会三坑水，经三第坝、热水坑、大埔头、康阜嶂、石壁径会红桃洞水，折向西流经古寨会黄沙水，再经水西折，向西南流至马塘会彭寨水，南流至九龙口，与浰江汇合，名和平江。

江广水发源于归美山麓，经定南三坑，东流至洋陂会岑冈水，经高砂为江广分界，至枸树塘会江口水，向东北流经中坂陈邦山，向北流经火夹水、总阁、长沥埔、南万田、隘子桥，向南流经阳和山、草鞋岗，至水口江会平虎水，至茶伴岗入和平境，经下车墟镇肚，至三溪口会寻邬水，向东南流为龙和分界，经鸡栖揠、排石曲桥会小河水，入龙川境，至公洞塘角再入和平境，至东水口汇合和平江，是为东江上源。

旧志载平虎镇水，县东八十里源自紫云嶂来，会龙南、安远及岑冈诸水，至东水合江，经龙川入于大江。

三阁即宋烈乡，水流有二：（一）东北之水自下礤小溪尾大湖发源，经三阁、老河底、石厦、塘背、屋面前，至烟墩、柘头角合水；（二）西北之水自秤勾水河峒苏坑发源，经边圹头竹子背而下，从下洞孔桥而出，至烟墩、柘头角合水。柘头角地方为三阁之水口，有岸头一座，春季有船二三十艘泊此，载蒜头往河源省城，转运南阳发售。每船载货约重二万斤，必俟大雨满江始能开行。由鳌岭水口合黄沙洞水而出，直从金史庙前合忠信江水而至河源。若冬天则河干水涸，无船往来。

青州乡地属高原，水源颇多而流统合为四：（一）河洞水（发源黄门垠山麓）、湖塘水（发源湖塘山）、田心围水（发源牛牯墩山麓）、黄凹背水（发源丫髻缺山麓）、大村水（发源矮凹山下）、水竹背水（发源桐梓嶂之东）、山下水（发源桐梓嶂之南），总汇于合水潭，经空址坡下下礤，至瓮潭与大片田水（发源大山）合，经罗坡角流入大湖。（二）金竹坝水经神宫前黄泥坑流入连平属大湖乡小溪尾。（三）船埠水（发源三阁山）经社背坑至连平属高湖乡流入忠信。（四）山塘水（发源赖明堂）经冉塘坑上下山塘流入连平属小柘。

卷一 舆地志·水利

按，本邑多山，田亩每处高原，骤雨则山洪暴注，稍旱则田皆龟坼。土地之硗瘠，水分缺乏，实一重大原因。补救之方，筑造陂塘最为要务。邑中陂塘原未尽量设置，且多颓废失修。欲变硗瘠为膏腴，增进生产，优裕民生，水利不可不亟讲也。

卷一　舆地志·险要

蕴万山之中，藏千壑之内，四围高峰屏列，一带清溪环流。五花耸拥，其后纱帽特朝于前，东山雄峙乎左，西岫端拱于右。东邻定南，西界连平，南踞龙川，北接江右。拱引四县，傍通三省。扼要险于浊溪，守雄关于岑冈。不用战守之势，自得金汤之固。若夫相阴阳、度原隰，因地兴利，依险设防，是在守土者因时而制宜矣。

山高阱、岑冈出县经此，桃树窖、下陵出县经此，鹅子塘、上陵出县经此，陈坑水、岑陵过热水经此，左拔凹、上峯、龙子岭、黄狗凹、岑陵过浰头经此，杨峒、添子堡、浊溪来县经此，石头塘、浊溪出龙川经此，郎仑、浊溪出东水经此，白竹坑、船坑、浊溪过平地镇经此，热水、九连山要路诸巢，向遇征剿多逃窜经此。

植按，和平旧有七巢。正德末年，阳明王公计平五巢，建县城下招抚之令，尚有余孽李鉴据岑冈，谢祥据浊溪。至隆庆初，李伶、谢浩等始革面投诚，二峒遂为通衢。盖据险扼要，为乱亦易，备变者不可不知之。

卷一　舆地志·土质

本邑随处皆山，山之泥土多为黏质壤土，亦间有石山，河流类皆浅狭，以斯状况。全县山场田地土质大略如下：（一）附近有大石山者，每为黏质砾土，宜于培植竹木，如三民乡之均石，岑江乡之岑冈与其他产苗竹等处是；（二）浰江、鱼潭江、江广河等沿岸为砂质壤土，常富于有效成分，出产品质佳良之农产品；（三）县属山地稍为平坦低湿者皆开田种稻，其土质大抵如附近山岭之为黏质壤土，与稻相宜，其在繁盛乡村或近城镇者多用草堆牛猪粪肥，故田土每变成腐殖质壤土，收获优佳。

卷二 人民志·族姓

孔姓

孔兰廷自五华县城迁居和平城内学官右侧，现传十四代，男女共六十九人。

王姓

王源八郎由龙川迁和平，分居均坑、塘背、高凹、热水、半坑、合水等处，现传九代，有丁口二百余人。又据平地水王姓调查，明朝时王言八郎因避乱，由龙川之和平都返居龙川后，又由龙川返居和平均坑、塘背、老屋子。……王一郎，明嘉靖间自凤阳县官广州吏目，迁龙川，再移和平县那尾洞山口，现传二十代，分居。……又迁居信丰县铁石及惠州槟榔潭者，丁口未详。……王清从福建宁化县迁江西安远，子广英于明洪武间迁河源县忠信，转迁和平热水乡。

白姓

白高公于明朝自福建福州府临沙县迁居和平县水车头，至孙道崇于正统七年迁居涮头、梨坑，现传二十一代，男女共一千三百余人，徙居四川成都者丁口未详。

朱姓

朱廷琛明洪武七年由江西建昌县廿四都宽仁乡白马村迁居和平潭邦江口，现传二十六代，丁口未详。……朱曰盛于明万历六年由兴宁黄陂迁长塘秀河村落居，现传十三代，男约百余丁。……朱文明从龙川双洞迁林寨芹洞后，徙东水大坝，转迁郎仑横冈下落居，现传十七代，男约五十丁，女约四十口……

李姓

李景星配黄氏八娘，于明正统间由博罗墩子头携子孟荣、孟昌迁居和平兴隆坝背潭头。……李萱，又名念二郎，明朝人，从兴宁县筍竹迁和平公白乡塘肚落居……

何姓

何德源、何德英为何文渊之子，兴宁县乌蓼沙人。明永乐二十年，兄弟同迁龙川通衢司黄沙坑，居住七载。至宣德间同迁和平都德源，于水西河坑甜鱼礁开基……

余姓

余盛洭，清康熙丁亥年自江西信丰迁和平大成乡内原兴隆堡老坝落居，现传八代，有男女六十余人。……余祉从龙川迁东水滩坪（即坦平）落居，现传十九代，男女各四十余人。

吴姓

吴楚，号念七郎，于明洪武三年由博罗来和平县城东门外石角嘴湾里开基，现传二十一代，分居县属……等处，共约五十余人。其分居潮州、大埔、广州、惠州、海丰、博罗等处丁口未详。又据调查，吴源名楚，号念七郎，原住广东程乡县尧塘，与长子友全赴次子友金博罗县主簿任所，卸任后至龙川和平都石角嘴湾里开基。二世友全又迁往塔冈。至五世，月明、铭海兄弟迁往超田。至十世，宗宁（铭海之裔）迁往大水山。……吴时富于明末由江西抚州府金溪县迁居和平三民乡老富坑，……有分居翁源、廉州、四川者，代数丁口均未详。……吴万成，明万历间由定南老城移居下陵老屋下，现传二十代，男女约共二百余人……

汪姓

汪齐春，康熙五十九年从大埔湖寮莒村迁和平林寨老街坝落居，现传八代，男五十余丁，女四十余口。

林姓

……林廷瑞于清康熙间从兴宁迁长塘中峯落居，嗣孙分居本乡转水峯、南山寨背等处，现传十三代，丁口未详。林秀菁从河源县大埔（今属连平县）迁居和平古寨乡梅林镇九子塘立基……

周姓

周建保于明正德年间从福建迁兴宁，转迁和平贝墩乡苏峯落居，嗣孙分居……等处，现传二十三代，丁口约共万余人，住贝墩约四千人（迁居龙川、张田，江西南康、上犹、崇义、左安、遂川，湖南长沙、醴陵，四川、广西等处丁口未详）……

凌姓

凌鹄清，字仲清，明洪武间从梅州河头太阳寨迁居龙川县上莒屯凌坑。……其子以文、以顺再迁至和平贝墩落居。……以文之曾孙友新由贝墩迁居古寨乡尖石下……

麦姓

麦口保于明初从始兴县迁忠信油溪石人坑暂住，继迁油溪莲塘镇落居。嗣孙分居铁撼耳、金花洞等处。现传二十代，男八百余丁，女九百余口。

庄姓

庄有庆，福建漳州南靖县霞峰墟人。清嘉庆九年偕侄生茂来和平城营酒米茶烟饼业，遂在南门内直街落居，分居金带路。现传六代，男共二十七丁，女二十六口……

梁姓

梁永兴，又名五十一郎，于元末从福建汀州府迁和平古镇落居。嗣孙分居……等处。现传二十四代，男约四千丁，女约四千口……

彭姓

彭均仁明朝由江西庐陵迁居和平大成乡大楼，现传二十一代，居大楼男女三百余人。又分居兴龙江、沙山、简背等处，共四十余丁……

裴姓

裴春霄，明万历间从江西吉安府枫林迁和平热水乡鱼窟落居，嗣孙分居本乡兴洞、下涧。现传十七代，男女约四百人。

蔡姓

蔡万红，明崇祯间由江西龙南汶龙罗坝移居潭邦江口。现传十代，男女共二十余人。

刘姓

刘文聪，明正统天顺间从江西吉水县二十八都析桂乡迁住循州东水逆坑后，再迁马塘柑树下落居，作窑烧瓦为业。嗣孙分居……等处。现传二十代，男约五百二十丁，女约四百九十口。……刘景洪，明初人。其先世从江西迁兴宁，至景洪再迁忠信油溪小水角刘屋寨落居。嗣孙分居长坑、卷龙坝等处。现传二十三代，男女约共二百人。……刘东英，清咸丰间由连平大湖乡移居和平城内西狮子石左侧。嗣孙分居小南门外石级下。现传四代，男女共十四人……

卢姓

卢文可由江西虔州虔化县清音韶坊迁居和平均坑（时和平尚未建县，称广东龙川县和平都）。现传二十余代，分居……等处，丁口未详……

陈姓

陈元坤于元末明初自福建迁居江西定南乐德……又迁居和平汤方甲富坑（今属大同乡）……后又迁居林寨。……陈元初于明初从福建宁化县迁肇庆高要水蓬村，再迁和平彭寨乡黄土岭落居。……陈守昌，清乾隆间从河源县柳城迁和平礼士乡澄溪落居，现传十一代，男女各约四十余人……

谢姓

谢添佑，明末由连平县上坪迁居和平城背，分居……现传二十三代，男女共约一千七百余人。……谢广济，清朝由福建省龙岩州迁和平县城东山下落居，现传代数及丁口未详。

魏姓

魏姓从林寨严村迁公白乡龙塘落居，现传十九代，男二丁，女无（乾隆嘉庆间发有六七十丁，其时最盛）。

严姓

严舜受，明景泰三年从翁源迁三阁山　子下落居，嗣孙分居……现传十九代，住三阁者，男一千四百余丁，女一千四百余口……

卷二　人民志·语言

今和平居民皆操客话，各姓落居多在宋末至明初之间。其以前土人之话如何已无可考。而客话之中不无小异。如青州声与连平近；大湖、宋烈、水溪声与相邻连平、河源属人近；东水郎仑声与龙川之四都、义都近；贝墩声与龙川之车田近；下车岑冈声与江西之定南近。又九排声与六方略异，四约声与九排、六方略异，即排与排、方与方、约与约亦间有小异。

卷十二　交通志·水路

自南门水路经合水渡蹄林镇东水抵龙川县界，离城一百三十里。

自南门水路至惠州八百里。

以上旧志。

一浰水自三民乡合水起，长年可行民船。经乌泥坑、林寨至九龙口，与鱼潭江合，称和平江。至东水与江广河合，至老隆。

一县前水前数十年仍可通船，至合水十五里与浰水合。嗣因石多水浅，船不能上，民国十九年六月疏浚，惜未成功。

一鱼潭江自贝墩大鱼潭起，春夏水涨可通民船。经古寨二十里至马塘九龙口二十里，与浰水合，称和平江。至东水与江广河合，至老隆。

一江广河自长塘乡船形冈之细牛眉起，河面宽十余丈，水深七八尺，四季可行民船。经贝岭、黄石至东水与和平江合，至老隆。

一三角河自黄种泫至金史与忠信水合，长约三十五里，河面宽约二丈余，水深一二尺，春夏水涨可行民船，至河源。

嘉庆《龙川县志》

卷六　形势·形势附

龙川为古循州地，即南越王赵佗之故壤也。三面皆山，一河绕郭，河仅一线，隔水仍复为山，总之环城皆山也。自来地甚寥阔，后四址割为邻邑所辖，于是乎龙川渺乎小矣。虽然广犹一百九十里，袤犹二百四十里，踞郡上游，当江赣之冲，为汀潮之障，则固三省咽喉，泗州门户，可不谓岩邑哉。北为十一都，离城百七十里，层峦叠嶂，径险林深，与闽赣连界，历为萑苻逋萃之薮。置五峡司巡检于此，甚得扼要之道。离县治二十里为老龙，此水陆之要路也。招舟子赴省会者于斯赁舆夫，于潮嘉者于斯懋迁络绎，货物充盈，人杂则匪易藏，亦人杂则争易起。添置巡检，所以防奸宄，靖地方也。越六十里为通衢，旧有城垣，东与长乐界蓝关在焉。陆路去此十里而止，水程去此十里而易，廼孔道也。离县远，民虽简朴，亦多雀角之事，巡检代理之，可无鞭长马腹之虑矣。总计全邑山居者多刀耕火种，妇樵女织。冈阜高而溪流浅，一日雨集，山水骤发，沟浍皆盈，重雾溟濛，咫尺不辨牛马。十日不雨，膏腴龟裂，禾稼焦枯，得灌溉之便者十不能一……

卷八　编年

（顺治三年）十二月十九日，贼首叶胜祖等掠城内仓库，财帛子女掳入义都。是日忽雷鸣飞雪，途中老幼死者狼藉。

……

（顺治四年）秋八月，邑寇黄上选、黄汝台复纠叶兆龙入城，逐知县曲国辅出走老龙寨。

十月，义都贼首叶胜祖、叶桃班、陈章、罗英等伏诛。时江防参将徐壮行计诱胜祖等往见部院佟，宴赏帽袍，给以官职，寻于内教场斩之。

十一月，知县曲国辅擒获贼首黄汝台，斩之于老龙市。时驻老龙为公署，招集乡勇四往捕缉，诛斩贼党，人称快意。独黄上选脱逃江西，后为乡民擒杀。

......

八年正月，总镇黄应杰、岭东道李鈗帅师至境，义都贼首叶兆龙授首，龙川始宁。时兆（龙）踞猴岭江防，参将徐壮行为前锋先至，赏其族人，夜抵贼所，斩其首献。

是年，广东始行乡试取士。

夏，龙川新设城守。

时邑人徐壮行有计歼各跳梁，渠魁功。初委授江防参将，至是题授本邑防守。久任八载，安辑多功。

十二年定乡试，解额四十三人。

康熙三年，制罢八股、试论策取士。裁学训导一员。慧星见，民多逃徙江西虔州等处。

七年戊申，知县彭峻龄革除陋规。龙川水陆卫繁，民苦供亿，吏差得以丛奸。知县彭峻龄悉罢之。里民感德，请勒《剔弊录》于学宫之右亭。

夏，知县彭峻龄鼎建学宫。

八年，制复八股取士，复岁供。

......

二十七年戊辰七月，巡抚朱宏祚禁革往来差员索取夫船，颁定牌式，立碑于老隆镇，民困顿苏。

八月，巡抚朱宏祚颁行三户册式。粤俗，钱粮止立户记姓名，族众凑纳，多致拖累。乃以进士举人贡监粮米为宦户，文武生员为儒户，庶人为民户，以己名填册完纳，民甚便之。

......

十一年壬午……知县耿惇革除六图大差，并革里排值收，令民自封投柜，民甚便之。

......

四十四年乙酉，河源凹下山山寇牛都，据险负固。河源、龙川、永安奉檄会兵合剿龙川。城守吕超战死……

卷九　山川·川类

东龙江，即邑之东江也。源自江西长宁，会定南水，至十一都会西江，至东水与浰溪合流，绕邑治而西抱，经河源以趋南海。通志云源出龙穴山，乃自其一支者言之。

雷江，即龙潭所出者，左从白云岩出，右从白云坑出，皆注鳌湖，东与大江合。

罗浮水从九连因其祖山而名。由龙南阳陂达乌虎镇，至龙川。

……

卷十一　水利

夫泽居者水多，泛滥之害不可以不防；山居者水少，灌溉之宜不可以不豫。龙之民傍山为基，结庐成族，业农者十之八九，田依山脚，塍叠如梯。春雨资耕，夏雨资长。十日不雨，龟裂泥枪。徒仰泽于天，非长策也，此不可不经营之也。

卷二十六　赋税

……

顺治十四年，户二千七百九十八，内除逃绝户五，实编户二千七百九十三，口四千六百零四。

康熙元年户增四，口增七十五。十一年户增一，口同。二十一年户口同。

雍正三年，户口同归并龙川所，四屯额丁二百三十六。

九年，户增十，口同。

乾隆元年，户增三千五百一十一，口增七千零一十九，四屯增丁八。二十二年，户同口增，共七千四百零二，屯丁同。

……

四十二年，户增一千一百一十二，口增七千零一十二，屯丁增九。

嘉庆元年，户增九百三十四，口增七千六百一十六，屯丁增十二。二十二年，户增一千三百，口增七千八百五十八，屯丁增十五。

……

卷三十八　风俗

　　邑之民俭而朴，跣足而樵，负襁而汲，朝耕夜织，无停晷，可谓劳矣。游不出乡，故业贾者少。而细民则若又秉一性者，轻生健讼，疾病饮水，轻药重觋，盖亦苗中之莠也。

　　邑之士尚礼好义，少燕僻游，与广潮殊甚。而崇祠宇，修桥梁，虽费重资不吝。至劝其购名帖、市书籍、延名师，则啬啬然若不胜羞涩者比比矣。

道光永安县三志

卷一　地理·沿革

......

广东舆图曰："永安县本归善、长乐地，隆庆间析置，本朝因之。"永安次志曰："县析置其先具府志，明嘉靖三十九年，蓝能贼长驱府之东郊，破涌口，旬日乃去，不能以一矢加遗。"自是两江群盗竝兴，弥满归善、长乐、海丰之间，大群数千人，小群数百。凡数十百群，执官吏，攻乡保……四十五年，贼充斥琴江、古名矣。别群王西桥流劫东莞，总兵俞大猷帅师讨之，……又破深宫巢焉，两广郡御史吴桂芳则谓贼平，会南赣都御史吴百朋、巡按御史王用祯，请置县。隆庆三年，割古名、宽得、琴江七图治，安民镇县，名永安县。

......

次志曰，县地广二百二十里，袤一百一十里。东至米潭，一百里抵长乐县界；南至乌禽嶂，一百里抵归善县界；西至若竹派东江水，一百二十里抵博罗县界；北至散滩迳，十八里抵河源县界；东南至漏重，一百二十里抵海丰县界；东北至长埔，九十里抵长乐县界；西南至秋乡水口，一百二十里抵归善县界；西北至马草，一百一十里抵河源县界。都有三：曰古名，曰宽得，曰琴江。古名图三，宽得图二，琴江图二。约社三十有七，村四百有五。

卷一　地理·都里·路岐

……自火带以下皆秋乡江，旁溪注之甚众。水道纡曲，舟行半日，从陆以趋，尚不及数里云。两山蹙沓，江流如线，树木蔚荟，故多郁燠之气。民皆佃作，度下石则林田，乌石以上乃有著姓。岩前有叶太守，其人贤者，匪独科第重也。地膏沃，饶五谷，然多富人之产。秋冬间漕归，舳舻衔接，水湍石迳滩，三百六十乃至泷头。上益浅，不可漕载，不过十石……

卷一　地理·都里·围寨

叶春及云："自贼起，乡人各为寨，委土可以为师保，名之曰围。"横冈围火带岩前人居之，员冈围乌石人居之，瑶坑、杜田、樟村、鲤鱼头皆有围，黄花人所居也。安民围林田一社人所居也，鹧鸪围井塘人所居也，川龙、半江、廊坑人皆居温子口围，上黄沙、大埔田人则居保安围。围子曰围罗坑人所居也，上濑围、水潭郁围、下汤围、双螺围、蛟郁塘围，其乡人居之。……琴江贺冈有寨，秋溪有寨，泷下有寨，宝岗有寨，龙窝、中溪、官塘、清溪、黄埔、李坑、柘口、羊头、赤溪皆有寨。……员冈围杀至千人，樟村围独三人得存。官塘寨之破也，巡检吴忠在内受贼略，……今得息肩田亩，长老缓带，孺妇嬉戏游敖，鸣鸡吠狗，孰非上之赐哉。……今县中三十七约，多有围寨，然或旧或新或颓废，所居者多非旧人子孙云。

卷一　地理·山川

次志曰："鸡公嶂至小黄花佛子凹，冈脊之地，其水四驰。冈脊南则秋乡江流最长，西则神江诸水，东则琴江，北则蓝口水源。"秋乡江、神江、义容江、琴江，其大者小水注之甚众。大者为经，小者为纬，源流见矣列于左。

秋乡江在城西南一百二十里，其源二：一出琴江宝岗山，一出官山嶂下，合流而北，过火带社西纳车岗水，东纳石坑、钟坑水，折而西，田子迳水南注之，至县，哨尾水东北注之，堤坑水北注之，至半江东纳牙溪水。……至马头山，西纳下濑水，又西纳官坑水，又东纳黄沙水。……又东纳双螺涩水，又西纳逆坑水，东南纳军粮水。……至凤凰冈北纳清溪水。……又东纳南山水。……又西纳灶坑水、吉田水，至曲溪，纳好义水，入于东江。

神江在县西北一百一十里，其源二：一在林村埔北，东出小黄花，西出嶂下；一在林埔南，东出佛子凹，西出鸡冠山。合流至龙潭胫，北受辣菜坑水，至黄竹迳又北受曹坑水，至黄塘南受白溪水，至横石又南受苦主坑水，至鲢口北受陈田水，至鱼潭迳又北受杨坑水，至陂角沙南受龙头山水、公坑水，至停塘北受花坑水，至企山下南受大梨水，至邓村又南受禾坑水，入东江。

义容江在县西七十里，共源二：一发源蒋洞尾，至飞鹅岭合月角岭水，过义容屯合案全水；又一源出大鲁山，至合水坝合小鲁水，至中田合桃子围水，至下车山又合军坑水，至乌鹊潭入义容水，至黄泥塘受汤坑水，至孔埔受蓼坑水入于其源。

琴江在县东四十里，自鸡公嶂发源，西受北坑水，至上镇东受象鼻迳水，至水口村西受塔凹水。……至练坊西受童坑水，至官屋埔东受甘坑水，至杨梅埔西受冯坑水，至寺坑东受黄小塘水，至羊羔西受黎坑水、龟湖水，过长乐米潭，至琴江合南琴江，入于横流渡。

卷一　地理·风俗

……县中雅多秀氓，共高曾祖父多自闽江潮惠诸县迁徙而至，名曰客家……

卷一　地理·物产

……谷之属有三时谷：一早谷、一翻谷，田沃而有水者种之，岁凡两熟；一大冬谷，田近河防淹者种之，岁一熟。早谷种于二月，收于五六月；翻谷种于六月，收于十月；大冬谷种于四月，收于九月。皆有黏有糯有粳。宽得都有麦有粟，不种于田，而种于山，谓之畬禾，亦有黏有糯……

卷末　邑事

……永安寨七十九寨即围也。一围则数村人居之，多者千余人，少者数百……

乾隆《博罗县志》

卷九　习尚

　　……祠祀诸世族有大宗、小宗祠，自宋元以来之祖毕祭，不能如令甲以世数限也。氏族皆有祖田，春秋二仲，岁时宴飨，无贵贱，皆行齿列。

　　……近郊诸村落皆田家作苦，东北各都亦然。农之子，恒为农。秀民之为士者，可屈指数矣。善政生齿颇繁，然使气忿争，愚民往往仰药宁集。长平有可耕之地，而流移多于土著，主客之形易矣。崇山深谷，为盗贼渊薮。穷民迫阨，计无复之耳。……土芜，不治里甲，不能供赋，辄逋逃。及近纠而聚之，犹以为晚……

雍正《归善县志》

卷一 舆图·山川形势

东至平政黄涌，一百七十里抵海丰界；东南至平海所，二百里抵大洋海；南至墩头，一百二十里抵海港；西南至梧桐山，一百七十里抵新安界；西至白浊湖，一百里抵东莞界；西北至永平溪，八十里抵东莞东岸界；北至大江心，五里抵博罗水北界；东北至磜头山，四百里抵永安界。群山棋布，双江合流。北镇象头，鹤峰挺秀；南峙天马，榜山呈祥；西湖浩荡，剑潭锁铃……

卷二·事纪

……

（顺治）十六年革牛判……

异邑民入县界田。自山寇炽民死于锋镝者殆尽，至是，将二十年生齿犹未复也，田地荒莱，灌莽极目。于是异邑民人界而田之，多兴宁长乐人，而安远武平人亦间有之。其中多犷悍好斗，始至，则厚馈田主。得耕之后，唯其所欲。兴惠人租斗有加一二，至加五六者，皆其初量田所出定之，不知所始矣……

旧史氏曰："按令，甲军民出百里外，官给路引。"今当下令客民各赴领本县路引以来，引目内开"原某都某图某约某户长下丁，今依据某县某村，佃耕某人田土，带妻子几名口"。既领引矣，诣所居县籍之署其引曰"验讫"，乃将约正收保，盖网在网，则有条而不乱也，当事者图之。

……

（顺治）二十三年以邓镳知归善县。

两广都御史陈大科下檄，令有司拘客民入约……惠州府属，如归善、永安、河源、海丰等县，土旷人稀。近有隔府异省流离人等蓦入境内佃田耕种。初亦少，藉其输纳……蚁聚蜂屯，藐兹土著之民数翻不胜矣，浸浸客强主弱……

（康熙二年）五月郭、华二大人奉旨勘县迁界……

八月石、伊二大人临县迁界……

……

（康熙五年）秋八月赈迁民……

冬十一月复赈迁民……

七年广东巡抚部院王来任遗疏，题请复海，奉旨准复，遣都统户、兵部等官至广东勘海、议展界。

……

八年夏四月，迁界展复。奉旨展界，招迁民复业。时田庐荒废已久，民不乐赴……两院疏题，令民垦荒，三年始起科，民乃渐赴。共计垦开田地山塘税二千一百四十六顷五十九亩三分二厘九丝六忽四微。

……

（二十四年）招复迁民。两院疏题，招民垦荒，准其七年起科。知县佟铭招复流民王世进、王苇、黄继贤、陈阿仲等垦复税四十八亩一分三厘四毫。

……

卷六　山川

……

一纪龙江之水。龙江之水绕邑之北，六邑皆委输以朝宗焉。惠之川莫大于龙江，浸莫大于丰湖。

龙江今谓之东江，其源一出安远东一百六十里之寻邬保，一出安远南四十里之三百坑，各流一百余里，合于赤石渡。西南流百五十里，西河水入焉。又至何明潭，则双溪之水入焉。又西南五十里至东水，涮溪之水入焉。南流龙川县，雷江之水入焉。至蓝口，能溪之水入焉。东南流至河源县，义和新丰之水入焉。南流经归善、博罗、永安之境，有神江水、义容水、秋乡水、上下岚水、横沥水、古仙水自东来入焉。又有公庄水、玳瑁水自西来入焉。又南流至郡城下，西江之水入焉。北流至金鸡沥，罗溪之水入焉。西流至博罗县，榕溪之水入焉。又西流二十里，同湖之水入焉。又西流六十里，罗阳、沙河、龙地之水入焉。西流至石湾之西南，合增城、东莞诸水，经虎头门入于海。

……

附录 2 梅州兴宁至河源东源一带部分客家村落建筑发展时序简图

县市	村名	区位
兴宁市	上长岭村	兴宁市中心
	周兴村	五华、兴宁交界处
	汤一村	
五华县	高榕村	琴宁二江交汇处
	七都村	
	黄埔村	五华至龙川交通要冲
龙川县	公洞村	龙川与和平县交界处
	小参村	龙川北部贝岭古道
	阁前村	
东源县	红光村	东源北部东江沿线
	下屯村	
	义和村	
	塘心村	东源和龙川交界处
	仙坑村	东源县东北山区
	乐村	

宝善堂
继安居
江陵堂
麻岭村

农田

三角楼　　李3
李2
李1

上锻岭老屋

长一队
长二队

铁场社

秀兴店

新华楼

五栋楼
四角楼
灵光斋
将军楼
侧桥岭

祥凤围

洪一屋

洪二屋

钟排上

大茔顶

农田

农田

N

40　　200m
0　　100

年份：
■ 1691-1720
■ 1721-1750
■ 1751-1780
  1811-1840
  1841-

乌泥塘

上长岭村

年份：
- 1600前
- 1601-1630
- 1691-1720
- 1721-1750
- 1751-1780
- 1781-1810
- 1841-

0 40 100 200m

刁坊塘

白石下老屋
白石下 2
白石下 3
农田
山
罗 1
罗 2
刁萃丰
罗 3
洋岭上大刁屋
罗 4
成美祥
罗 7
芒头下 1
罗 5
罗 6
罗花颈
罗 8
芒头下 2
罗 9
阳进坑
农田
杨泰和屋
上新屋
黎岭下新屋
黎岭下老罗屋
池子
鲤麻形屋
叶池 1
长春 1
长春 2
叶池 2
农田
屋头屋
斗种 1
敏士楼
斗种 2
六斗种
河塘岭村下屋
龟形屋
作合
圻背

周兴村

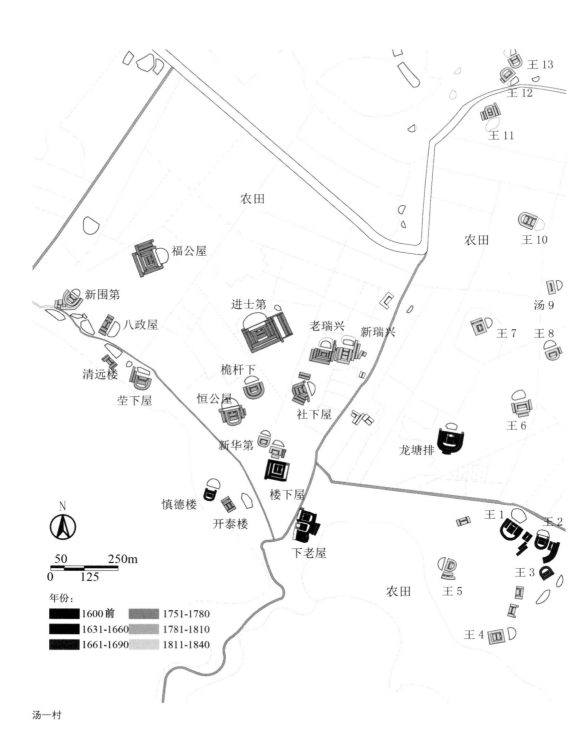

王 13

王 12

王 11

农田

农田 王 10

福公屋

新围第

八政屋 进士第 老瑞兴 新瑞兴

汤 9

清远楼 桅杆下 王 7 王 8

莹下屋 恒公屋 社下屋

新华第 王 6

慎德楼 龙塘排

开泰楼

楼下屋 王 1 王 2

下老屋

王 3

农田 王 5

王 4

N

50   250m
0   125

年份：
1600前   1751-1780
1631-1660 1781-1810
1661-1690 1811-1840

汤一村

年份：
1600前
1601-1630
1691-1720
1721-1750
1781-1810
1841-

N
40   200m
0   100

琴江

农田

下坝

周7
亢公祠
周6
周1
全德楼
周5
周3
周4
周2

农田

熊德楼   承庆楼
忠厚传家
仲庆楼
发祥楼

周8
周9
下角
周10   周11

善庆楼   新庆楼

农田
周12

坝角里

宝善楼

贵和楼

周13

高榕村

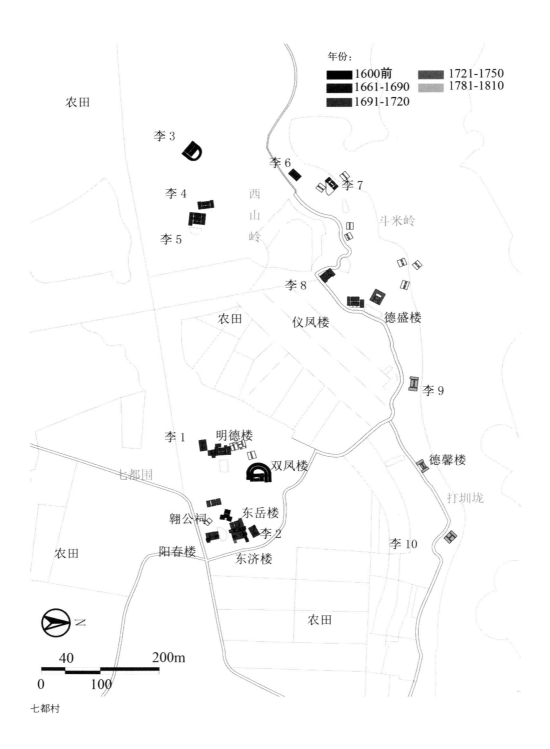

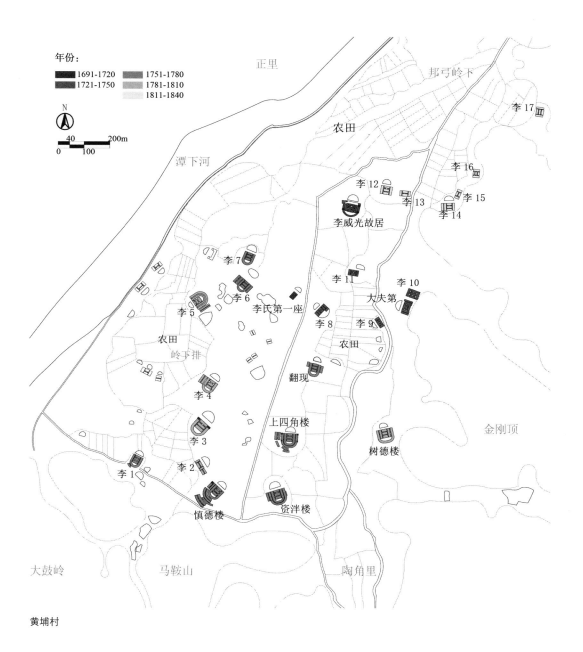

年份：
- 1691-1720
- 1721-1750
- 1751-1780
- 1781-1810
- 1811-1840

N

0 40 100 200m

正里

邦弓岭下

农田

李 17

潭下河

李 16

李 12

李 15

李 13

李 14

李威光故居

李 11

李 10

大夫第

李 7

李 6

李氏第一座

李 5

李 8

李 9

农田

农田

岭下排

翻现

李 4

上四角楼

李 3

树德楼

金刚顶

李 2

李 1

慎德楼

资泮楼

大鼓岭

马鞍山

陶角里

黄埔村

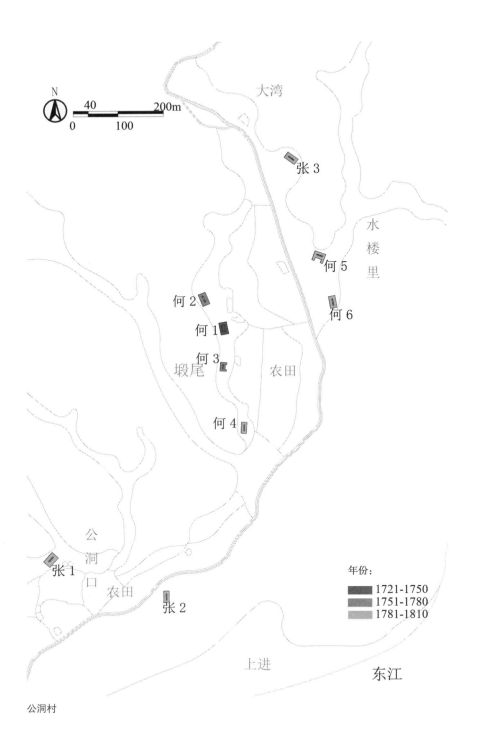

N

40 200m

0 100

大湾

张3

水楼里

何5

何2

何6

何1

何3

墩尾 农田

何4

公洞口

张1 农田

张2

年份：

1721-1750
1751-1780
1781-1810

上进

东江

公洞村

演化与复现——粤地传统客家村落时空动态模拟

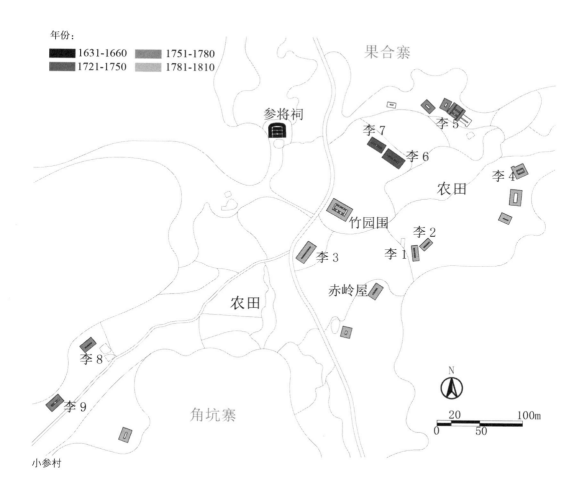

年份：
■ 1631-1660　■ 1751-1780
■ 1721-1750　■ 1781-1810

果合寨

参将祠

李7
李6
李5

农田

李4

竹园围

李2

李3　　李1

赤岭屋

农田

李8

李9

角坑寨

小参村

N

20　　　100m
0　　50

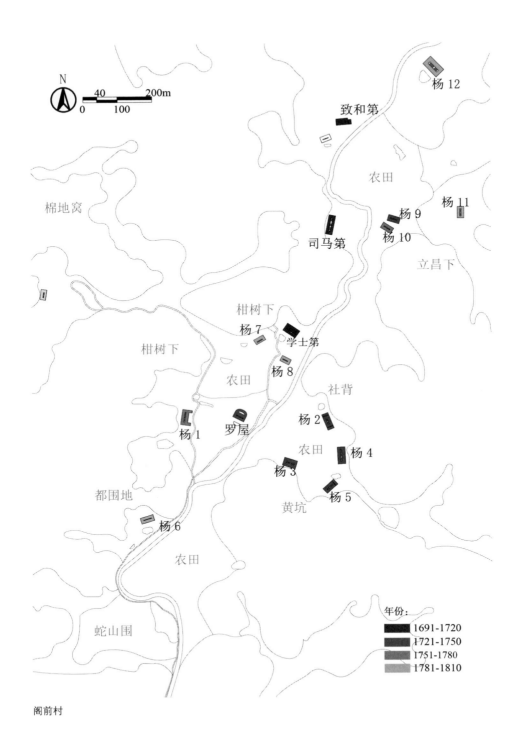

N

40　　200m

0　100

杨 12

致和第

农田

棉地窝

杨 11

杨 9

司马第

杨 10

立昌下

柑树下

杨 7

学士第

柑树下

农田

杨 8

社背

杨 2

罗屋

农田

杨 4

杨 1

都围地

杨 3

杨 5

黄坑

杨 6

农田

蛇山围

年份：

	1691-1720
	1721-1750
	1751-1780
	1781-1810

阁前村

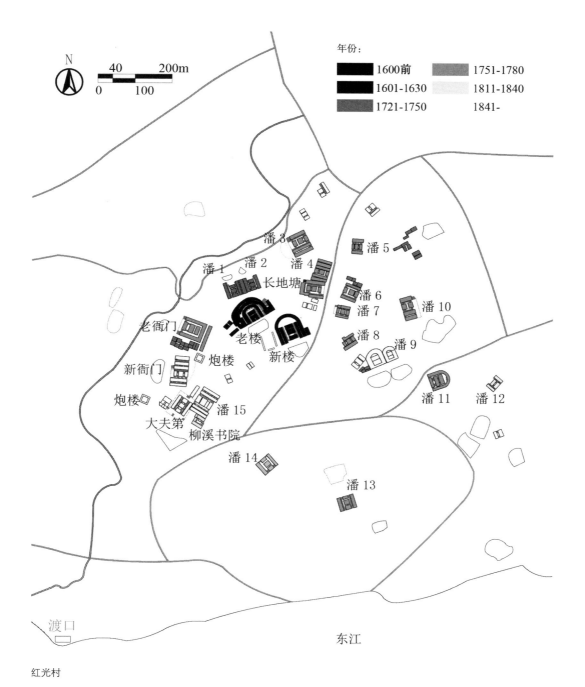

年份：

■ 1600前　■ 1751-1780
■ 1601-1630　□ 1811-1840
■ 1721-1750　　 1841-

N

40　200m

0　100

潘 3

潘 1　潘 2　潘 4

潘 5

长地塘

潘 6

老衙门　潘 7　潘 10

老楼

炮楼　新楼　潘 8

潘 9

新衙门

炮楼　潘 11　潘 12

潘 15

大夫第

柳溪书院

潘 14

潘 13

渡口

东江

红光村

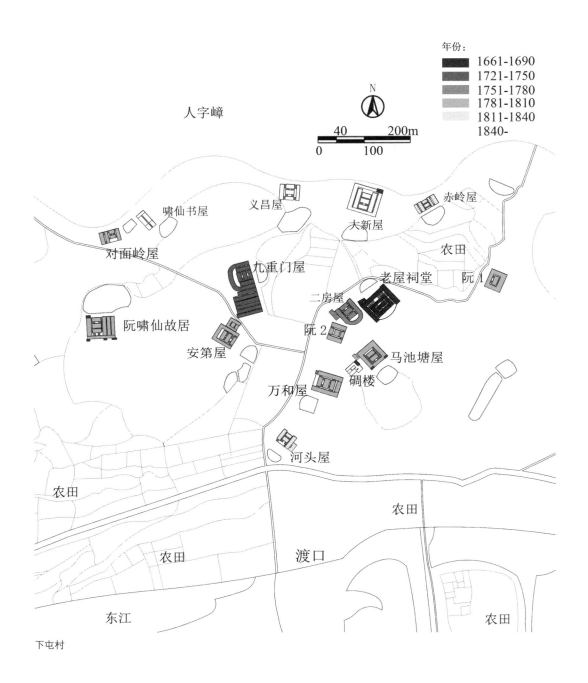

人字嶂

年份：
1661-1690
1721-1750
1751-1780
1781-1810
1811-1840
1840-

N

40　　　　200m
0　　　100

啸仙书屋
义昌屋
赤岭屋
对面岭屋
大新屋
农田
九重门屋
老屋祠堂
阮 1
二房屋
阮啸仙故居
阮 2
安第屋
马池塘屋
万和屋
碉楼
河头屋
农田
农田
农田
农田
渡口
东江

下屯村

　　　演化与复现——粤地传统客家村落时空动态模拟

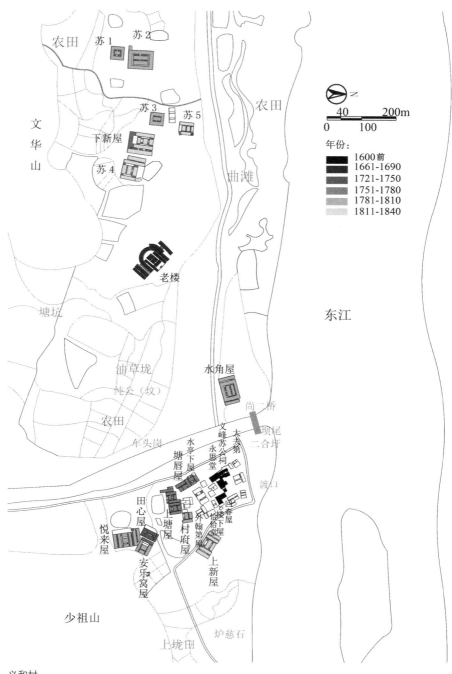

农田
苏1
苏2
文华山
农田
苏3
苏5
下新屋
曲滩
苏4

老楼

N
40 — 200m
0 — 100
年份：
1600前
1661-1690
1721-1750
1751-1780
1781-1810
1811-1840

塘坑

油草垅
纯公（坟）
农田
牛头岗

东江

水角屋
尚一桥
坝尾
文峰苏公祠
太爷第
永思堂
二合坪
水亭下屋
塘唇屋
渡口
迎春屋
老楼下屋
外翰第屋
田心屋
上塘屋
村府屋
悦来屋
上新屋
安乐窝屋

少祖山
上垅田
炉慈石

义和村

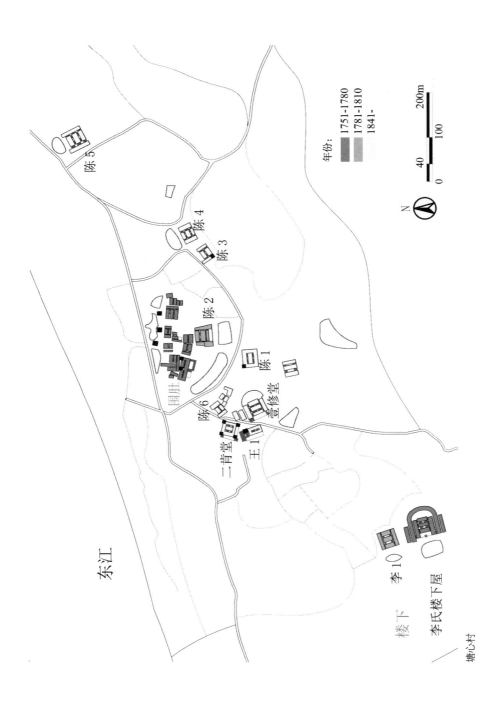

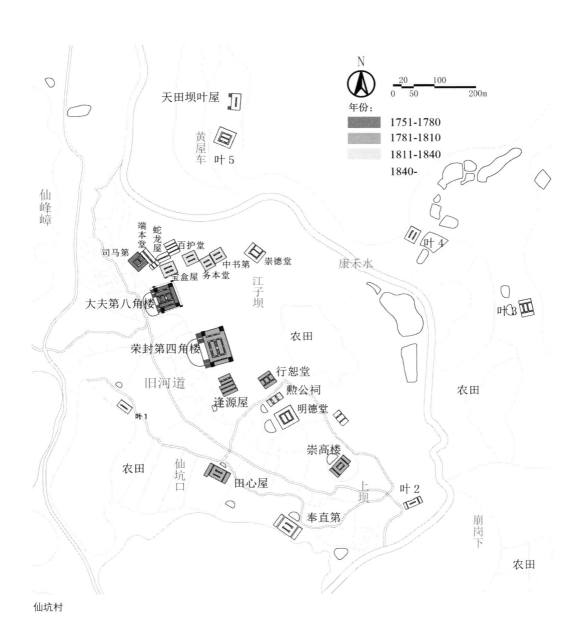

天田坝叶屋

黄屋车 叶5

仙峰嶂

N
20   100
0 50   200m
年份：
1751-1780
1781-1810
1811-1840
1840-

端本堂
蛇龙屋
司马第
百护堂
玉盒屋 务本堂
中书第
崇德堂
江子坝
康禾水

叶4

大夫第八角楼

荣封第四角楼

农田

叶3

旧河道

行恕堂
勋公祠
逢源屋
明德堂

叶1

农田

崇高楼

农田

农田
仙坑口
田心屋

上坝

叶2

奉直第

崩岗下

农田

仙坑村

张 16

张 15

张 14

张 13

四角楼

张 12

张 11

张 10

张 9

张 8

鸡笼嶂

农田

乐村石楼

张 7

张 6

斗祥屋

张 4　张 5

山

N

0　100

40　　200m

张 3

张 2

农田

张氏祠堂

张 1

乐村

附录3　多形态模拟普适性元胞自动机核心代码（节选）

一、数据预处理

```
function gisData = GisDataRead( )
gisData.Results.LogFids(1) = 1;
gisData.blocksize = '10x10'; % 设置元胞尺寸

% 读取地图数据，并进行预处理
gisData.row = 具体数值; % 对应元胞阵的行数
gisData.col = 具体数值; % 对应元胞阵的列数
[gisData.data, gisData.txt] = xlsread('excel 文件 .xlsx');

gisData.blockCnt = gisData.row * gisData.col;
if size(gisData.data, 1) ~= gisData.blockCnt
    error('Data error: row x column is not equal to the count of blocks');
end
```

```
%% Step 1：设置元胞属性变量数据列序组合绘图信息
% 设置属性变量数据列序，可根据地理信息 excel 实际数据增减变量种类
gisData.CIdx.blkId      = 1; % 元胞编号
gisData.CIdx.xx         = 2; % 元胞横坐标
gisData.CIdx.yy         = 3; % 元胞纵坐标
gisData.CIdx.house      = 4; % 元胞若是建筑属性，该建筑出现的世代序列数
gisData.CIdx.mroad      = 5; % 元胞是否为主路元胞
```

```
gisData.CIdx.channel      = 6; % 元胞是否为水渠元胞

gisData.CIdx.pool         = 7; % 元胞是否为池塘元胞

gisData.CIdx.river        = 8; % 元胞是否为河流元胞

gisData.CIdx.dis2mroad    = 9; % 元胞距主路的最短距离

gisData.CIdx.dis2chann    = 10; % 元胞距水渠地最短距离

gisData.CIdx.dis2pool     = 11; % 元胞距池塘的最短距离

gisData.CIdx.dis2river    = 12; % 元胞距河流的最短距离

gisData.CIdx.slope        = 13; % 元胞坡度

gisData.CIdx.dem          = 14; % 元胞高程

gisData.CIdx.housedispe   = 15; % 元胞若是建筑属性，该建筑的编号


% 基于属性变量列序信息，设置变量组

gisData.CIdx.pos          = [gisData.CIdx.xx, gisData.CIdx.yy];

gisData.CIdx.train_atts   =
[gisData.CIdx.dis2mroad, gisData.CIdx.dis2chann, .gisData.CIdx.dis2pool,
gisData.CIdx.slope, gisData.CIdx.dem];


% 设置地图要素绘图颜色

gisData.Color.Default = [104, 100, 101]/255;

gisData.Color.River = [197, 202, 231]/255;

gisData.Color.Road = [253, 235, 221]/255;

gisData.Color.Channel = [161, 170, 210]/255;

gisData.Color.Pool = [138, 143, 190]/255;

gisData.Color.Pivot = [112, 194, 214]/255;

gisData.Color.Norm = [239, 102, 94]/255;
```

% 重新生成坐标信息，简化坐标

```
xx = 0:gisData.blocksize_m:(gisData.col−1)*gisData.blocksize_m;

yy = 0:gisData.blocksize_m:(gisData.row−1)*gisData.blocksize_m;

xx = repmat(xx', gisData.row, 1); % 转置，按行数复制，排成一列

yy = repmat(yy, gisData.col, 1); % 按列数复制，叠成矩阵


gisData.data(:, gisData.CIdx.xx) = xx;

gisData.data(:, gisData.CIdx.yy) = yy(:);
```

% 将不相关的元胞数据设置成 NaN

```
non_buildings = gisData.data(:, gisData.CIdx.housenewre) == 0;

gisData.data(non_buildings, gisData.CIdx.housenewre) = NaN;

gisData.data(non_buildings, gisData.CIdx.housedispe) = NaN;
```

% 设置模拟起始时期的节点性建筑

```
gisData.firstPivotBuildingIDs = [建筑编号, 建筑编号];

pivot_building = false(gisData.blockCnt, 1);

for pivotID = gisData.firstPivotBuildingIDs

    pivot_building =

pivot_building | gisData.data(:, gisData.CIdx.housedispe) == pivotID;

end


if sum(gisData.data(pivot_building, gisData.CIdx.house)==1)

~= sum(gisData.data(pivot_building, gisData.CIdx.house))

    warning('firstPivotBuildingIDs may be not in first generation');

end
```

```
gisData.data(pivot_building, gisData.CIdx.house) = 0;


% 数据验证
sumHouse = sum(gisData.data(:, gisData.CIdx.house) > 0);

sumHousedispe = sum(gisData.data(:, gisData.CIdx.housedispe) > 0);

if sumHouse ~= sumHousedispe

    warning('The number of House and Housedispe are not equal!');

end
% 数据绘图
gisData.isdraw = 0;

gisData.v = 1;


save('gisdata_raw', 'gisData');

xlog(gisData.Results.LogFids, 'gisdata_raw is saved ... \n');


if gisData.isdraw

    main_DrawIterationMaps(gisData);

end
```

二、主程序

```
%% Step 1：训练学习
% 加载已处理的数据（略）


% 参数设置（略）


% 计算扩展数据（略）
```

% 参数学习（略）

%% Step 2：模拟

% 设置与初始化（略）

% 初始化 GUI，定义 Quit button，建图（略）

% 模拟迭代（略）

三、程序模块 1——参数与扩展属性变量设置

function gisData = GisSetup(gisData)

% 全局参数

gisData.areaType = 1; % 定义元胞几何形态：1 圆形区域，0 方形区域

gisData.curTime = 60; % 模拟的起始年

gisData.Step = 5; % 模拟时间步长

gisData.PvA = 0.0625; % 单位面积（平方米）的人口数量荷载

% 建筑自体面积增长相关参数

gisData.Expand.area = 128; % 单体建筑元胞数量阈值

gisData.Siteselec.area = 190; % 避免建筑过密布局，耕作半径范围内建筑点数阈值

% 空间结构扩张相关参数

gisData.Interval = 60; % 结构扩张周期

```
gisData.TrainedIter = 世代数；% 待学习的结构扩张世代数

gisData.dnum = 3；% 各代最远距离疏散元胞的样本统计量

gisData.PivotDistThreshold = 600；% 结构扩张最近距离（训练）

gisData.PivotDistThresholdS = 500；% 结构扩张最近距离（模拟）

gisData.NormDistThresholdS = 100；% 非结构扩张最近距离（模拟）

gisData.R = 0.5*gisData.PivotDistThreshold；% 耕作半径

gisData.HightT.Farm = 56；% 宜耕地高程最大值

gisData.SlopeT.Farm = 8；% 宜耕地坡度最大值

gisData.PropertyType = 3；% 选址标准：1 只用自然属性；2 只用社会属性；3,
兼用

gisData.FileName = '文件名 -'；


% 元胞扩展属性变量

gisData.data_ext_num = 6；% 扩展数形变量个数设置

gisData.data_ext = NaN(gisData.blockCnt, gisData.data_ext_num)；% 扩展属
性变量设置

gisData.eIdx.pivotIterID = 1；% 节点建筑的世代数

gisData.eIdx.pivotDistToNorm = 2；% 新生结构点到既往非结构点的最近距离

gisData.eIdx.avgTopoDistToPivotP = 3；% 新生结构点到既往两个最近结构点
的平均距离

gisData.eIdx.nearestDistToOther = 4；% 新生非结构点到既往非结构点的最近
距离

gisData.eIdx.avgTopoDistToPivot = 5；% 新生非结构点到既往两个最近结构点
的平均距离

gisData.eIdx.areaOfArableLand = 6;% 耕作半径范围内宜耕地面积


gisData.eIdx.norm_atts = [gisData.eIdx.avgTopoDistToPivot,
```

　　　　　演化与复现——粤地传统客家村落时空动态模拟

```
gisData.eIdx.nearestDistToOther]; % 非节点建筑扩展属性组合
gisData.eIdx.pivot_atts =[gisData.eIdx.pivotDistToNorm,
gisData.eIdx.avgTopoDistToPivotP, gisData.eIdx.areaOfArableLand]; % 节点
建筑扩展属性组合
gisData.avgPivotCnt = 2;
gisData.avgDistCnt = 3;


% 宜耕地判断
gisData.arableLand =
gisData.data(:, gisData.CIdx.dem) < gisData.HightT.Farm
& gisData.data(:, gisData.CIdx.slopere) < gisData.SlopeT.Farm
& gisData.data(:, gisData.CIdx.omroad)==0
& gisData.data(:, gisData.CIdx.ochannel)==0
& gisData.data(:, gisData.CIdx.poolre)==0;


% 人口增长模型
gisData.Population.Model = @(b,x)(b(1)./(1+exp(-b(2)*x+b(3))));
gisData.Population.RateModel = @(beta, tt)(beta(2)*(1-1./(1+exp(-
beta(2)*tt+beta(3)))));
gisData.Population.beta = PopulationSpeed(gisData.Population.Model);
gisData.Population.LoadRate = 1.5; % 建筑人口短期超载率
gisData.Population.SplitRate = 0.5; % 家族裂变时人口转移比例
gisData.Population.HakkaRate = 0.9859; % 增长率微调系数


% 元胞尺度定义
if gisData.v == 1
    if strcmp(gisData.blocksize, '5*5')
```

```
        xlog(gisData.Results.LogFids, 'GisData Reading (5*5) ... \n');
    elseif strcmp(gisData.blocksize, '10*10')
        xlog(gisData.Results.LogFids, 'GisData Reading (10*10) ... \n');
    end
end
```

四、程序模块 2——元胞扩展属性变量计算

```
function gisData = computeGisData_ext(gisData)

if gisData.v == 1
    xlog(gisData.Results.LogFids, 'Computing the extented gisData ... \n');
end



%% Step 1：抽取建筑区域数据
b_id_tmp = gisData.data(:, gisData.CIdx.housedispe); % 获得建筑编号列数据


tmp = b_id_tmp(b_id_tmp>0); % 去除非建筑区块
buildIDs = unique(tmp)';


gisData.BuildingNum = length(buildIDs); % 对建筑数据按编号分组
for bIdx = buildIDs
    gisData.buildings(bIdx).ID = bIdx;
    gisData.buildings(bIdx).data = gisData.data(b_id_tmp==bIdx, :); % 获取第 i
个建筑的 block 数据
    gisData.buildings(bIdx).size = size(gisData.buildings(bIdx).data, 1); % 建筑面积
```

　　　　　　　　演化与复现——粤地传统客家村落时空动态模拟

```
    gisData.buildings(bIdx).center = mean(gisData.buildings(bIdx).data(:,
gisData.CIdx.pos), 1); % 计算建筑的中心点
    gisData.buildings(bIdx).iterID = gisData.buildings(bIdx).data(1, gisData.
CIdx.housenewre); % 标记建筑所属世代序列数
    gisData.buildings(bIdx).pivotID = NaN;
    gisData.buildings(bIdx).pivotDist = NaN;
end




%% Step 2: 计算元胞扩展属性变量数值
% 计算的结果保存在 gisData.data_ext 中，
gisData = computeExtPivot(gisData); % 计算：是否为节点建筑
gisData = computeExtTopoDistP(gisData); % 计算：新生结构点到既往两个最
近结构点的平均距离
gisData = computeNearestDistP(gisData); % 计算：新生结构点到既往非结构
点的最短距离
gisData = computeExtTopoDist(gisData); % 计算：新生非结构点到既往两个
最近结构点的平均距离
gisData = computeNearestDist(gisData); % 计算：非枢纽点至最近一个先生枢
纽建筑的距离
gisData = computeExtArableArea(gisData); % 计算：耕作半径范围内宜耕地面积

for bIdx = buildIDs
    gisData.buildings(bIdx).data_ext =
    gisData.data_ext(b_id_tmp==bIdx, :); % 将数据按照建筑编号归并，用于
modelanlysis
end
```

```
save('gisdata_ext', 'gisData');
xlog(gisData.Results.LogFids, 'gisdata_ext is saved ... \n')
```

五、程序模块 3——模型训练，参数学习

```
function gisData = ParamEvaluation(gisData)

if gisData.v == 1
    xlog(gisData.Results.LogFids, 'Parameter Evaluation... \n');
end


% 训练非节点性建筑的属性变量高斯混合模型
norm_blks = gisData.data(:, gisData.CIdx.housenewre) <= gisData.
TrainedIter;
norm_blks = norm_blks & isnan(gisData.data_ext(:, gisData.eIdx.pivotIterID));
% 屏蔽 pivot 建筑

data_p1 = gisData.data(norm_blks, gisData.CIdx.train_atts);
data_p2 = gisData.data_ext(norm_blks, gisData.eIdx.norm_atts);

trainingData = [data_p1,data_p2]';
gisData.model(1).name = 'norm_gmm';
gisData.model(1).covType=2;
gisData.model(1).gaussianNum=50;
gmmTrainParam=gmmTrainParamSet();
gmmTrainParam.useKmeans=1;
gmmTrainParam.dispOpt=1;
```

```
gmmTrainParam.maxIteration=5;
[gisData.model(1).GMM, logLike]
= gmmTrain(trainingData,
[gisData.model(1).gaussianNum, gisData.model(1).covType],
gmmTrainParam);
gisData.model(1).gmmTrainParam = gmmTrainParam;


% 训练节点性建筑的属性变量高斯混合模型
pivot_blks = gisData.data_ext(:, gisData.eIdx.pivotIterID) > 0;

data_p1 = gisData.data(pivot_blks, gisData.CIdx.train_atts);
data_p2 = gisData.data_ext(pivot_blks, gisData.eIdx.pivot_atts);

trainingData = [data_p1, data_p2]';
gisData.model(2).name = 'pivot_gmm';
gisData.model(2).covType=2;
gisData.model(2).gaussianNum=4; % barNum = 15
gmmTrainParam=gmmTrainParamSet;
gmmTrainParam.useKmeans=1;
gmmTrainParam.dispOpt=1;
gmmTrainParam.maxIteration=7;
[gisData.model(2).GMM, logLike]
= gmmTrain(trainingData,
[gisData.model(2).gaussianNum, gisData.model(2).covType],
gmmTrainParam);
gisData.model(2).gmmTrainParam = gmmTrainParam;
```

% 训练建筑的自然属性变量高斯混合模型

```
build_blks = gisData.data(:, gisData.CIdx.housedispe) > 0;
data_p1 = gisData.data(build_blks, gisData.CIdx.train_atts);
trainingData = data_p1';
gisData.model(3).name = 'attribute';
gisData.model(3).covType=2;
gisData.model(3).gaussianNum=4;
gmmTrainParam=gmmTrainParamSet;
gmmTrainParam.useKmeans=1;
gmmTrainParam.dispOpt=1;
gmmTrainParam.maxIteration=7;
[gisData.model(3).GMM, logLike]
= gmmTrain(trainingData, [gisData.model(3).gaussianNum,
gisData.model(3).covType], gmmTrainParam);
gisData.model(3).gmmTrainParam = gmmTrainParam;



save('gisdata_trained', 'gisData');
xlog(gisData.Results.LogFids, 'gisdata_trained is saved ... \n')
```

六、程序模块 4——模拟运行流程

```
function gisData = SimulationLoop(gisData)

% 循环迭代性运行流程
while gisData.curTime <= 300
    gisData = CARuleBulider(gisData); % 模拟流程核心逻辑
```

% 更新绘图逻辑

    locs = gisData.PRE.b_ID >= 0;

    gisData.map = SetMapColor(gisData.map, locs, gisData.Color.Norm);

    locs = gisData.PRE.b_isPivot;

    gisData.map = SetMapColor(gisData.map, locs, gisData.Color.Pivot);

% 更新绘图

    gisData.GUI.imh = MapUpdate(gisData.GUI.imh, gisData.map, gisData.row, gisData.col);

% 更新当前年代

    title(num2str(gisData.curTime));

    path_str = [gisData.Results.dir gisData.FileName '−' num2str(gisData.curTime)];

    saveas(gisData.GUI.imh, [path_str '.pdf'])

    save([path_str '.mat'], 'gisData');

    drawnow

end

七、程序模块 5——模拟流程核心逻辑规则运行程序

function gisData = CARuleBulider(gisData)

%% Step 1：人口增长计算

currP =

gisData.Population.Model(gisData.Population.beta, gisData.curTime);% 当前人口

```
nextP =
gisData.Population.Model(gisData.Population.beta, gisData.curTime
+ gisData.Step); % 下期人口
rateP = nextP/currP;
for bIdx=1:length(gisData.PRE.buildings)
    gisData.PRE.buildings(bIdx).people
= rateP * gisData.PRE.buildings(bIdx).people
* gisData.Population.HakkaRate;
end
gisData.curTime  = gisData.curTime + gisData.Step; % 当前时间步进
if gisData.v == 1
    xlog(gisData.Results.LogFids, '>>>>>> The current time is [%d], people:
%f --> %f. <<<<<< \n', gisData.curTime, currP, nextP);
end


%% Step2: 建筑面积增长
is_update = 0;
b_Idxs = find([gisData.PRE.buildings.stopped]==0);
for i = b_Idxs


% 计算待新增元胞数量
    deltaP
= gisData.PRE.buildings(i).people − (gisData.PRE.buildings(i).size * gisData.
PvA);
    numB = fix(deltaP/gisData.PvA);
```

演化与复现——粤地传统客家村落时空动态模拟

```
% 建筑增长
   if numB > 0
      gisData = ExpandBuilding(gisData, i, numB);
      is_update = 1;
   end


% 判断建筑是否停止增长
   if IsToExpand(gisData, i) ~= 1
      gisData.PRE.buildings(i).stopped = 1;
   end
end
% 更新
if is_update
   gisData = updatePRE(gisData);
end


%% Step3: 原建筑停止增长，新建筑选址
b_Idxs = find([gisData.PRE.buildings.stopped]==1);
for i = b_Idxs
   if isToSplit(gisData, i)==1
      gisData = SplitBuilding(gisData, i);
      gisData = updatePRE(gisData);
   end
end
```

%% 以上 Step 中涉及的小程序

% 建筑面积增长与否判断程序

```
function b_expand = IsToExpand(gisData, bIdx)

prob = 1/gisData.PRE.buildings(bIdx).size;
if prob > rand*0.2  % 随机扰动 & 建筑自体面积控制
    map_building = (gisData.PRE.b_ID >= 0);
    bArea =
computeALPoint(gisData, map_building, gisData.PRE.buildings(bIdx).center,
gisData.R);  % 耕作半径范围内既存建筑面积计算
    if bArea < gisData.Expand.area+25-50*rand
        b_expand = 1;  % 耕作半径范围内既存建筑面积影响
        return;
    end
end

b_expand = 0;

if gisData.v == 1
    xlog(gisData.Results.LogFids, 'Building (%d) stops expanding. \n',
bIdx);
end
```

% 建筑面积增长程序

```
function gisData = ExpandBuilding(gisData, bIdx, e_num)

if gisData.v == 1
```

```
    xlog(gisData.Results.LogFids, 'Expanding Building (%d, %s), expecting
to add [%d] blocks … \n', bIdx, gisData.PRE.buildings(bIdx).type, e_num);
end
if e_num < 1
    xlog(gisData.Results.LogFids, ' No block is added to Building (%d)…, [e_
mun = %d] \n', bIdx, e_num);
    return;
end


x = 2:gisData.row−1;
y = 2:gisData.col−1;


bb_idx = (gisData.PRE.b_ID == bIdx); % 获得编号为 b_Idx 的建筑 block


map_sum = zeros(gisData.row, gisData.col);
map_matrix = data_deshape(bb_idx, gisData.row, gisData.col); % 一维列向量
排布为矩阵图，排布与图纸逻辑方向一致
map_sum(x,y) = map_matrix(x, y−1) + map_matrix(x, y+1) + …
        map_matrix(x−1, y) + map_matrix(x+1, y) + …
        map_matrix(x−1, y−1) + map_matrix(x−1, y+1) + …
        map_matrix(x+1, y−1) + map_matrix(x+1, y+1); % 寻找摩尔 8 邻域


map_vector
= data_enshape(map_sum, gisData.row, gisData.col); % 将矩阵图转变为一维
列向量


newblocks = false(size(map_vector)); % 生成候选者
```

```
tmp_idx = find(((map_vector>0) & not(bb_idx))); % 抽取出元胞自动机新扩展的
元胞

if e_num >= sum(tmp_idx)
    newblocks(tmp_idx) = 1;
    e_num = sum(tmp_idx); % 若元胞增长数量需求大于满足条件元胞数量，满足
条件的元胞全部划归增长量
else
    b_blocks_prob = NaN(size(map_vector));
    b_blocks_prob(tmp_idx) = gisData.PRE.lp_attribute(tmp_idx) + ...
                    log(map_vector(tmp_idx)/8);
    for i=1:e_num
        [max_v, max_idx] = max(b_blocks_prob); % 若元胞增长数量需求小于满
足条件元胞数量，满足条件的元胞计算生长概率，择高概率者选择归入增长量
        if isnan(max_v)
            break;
        end

        newblocks(max_idx) = 1;
        b_blocks_prob(max_idx) = NaN; % 将已选中的元胞排除出候选区
        xlog(gisData.Results.LogFids, ' \tBlock(%d) with value (%f) are added
to building [%d].\n', max_idx, max_v, bIdx);
    end
end

gisData = AddBlocksToBuilding(gisData, bIdx, newblocks);
if gisData.v == 1
```

```
        xlog(gisData.Results.LogFids, '    Actually, [%d] blocks are added to
Building (%d). \n', e_num, bIdx);
end


% 是否有新建筑选址判断
function b_split = isToSplit(gisData, bIdx)


ratePvA
= gisData.PRE.buildings(bIdx).people / (gisData.PRE.buildings(bIdx).size *
gisData.PvA);
if ratePvA > gisData.Population.LoadRate
    b_split = 1;
else
    b_split = 0;
end


% 新建筑为节点性建筑还是非节点性建筑判断
function be_pivot = IsSplitAsPivot(gisData)


if gisData.curTime/gisData.Interval <3.5
    if rand > 0.37
    be_pivot = true;
    else
    be_pivot = false;
    end
end
if gisData.curTime/gisData.Interval >= 3.5
```

```
    if rand > 0.68

    be_pivot = true;

    else

    be_pivot = false;

    end

end


% 距离计算程序

function dists = PointDist(pvec, point)

dists = sqrt((pvec(:,1) − point(1)).^2 + (pvec(:,2)−point(2)).^2);


% 建筑选址程序

function gisData = SplitBuilding(gisData, bIdx)

if gisData.v == 1

    xlog(gisData.Results.LogFids, 'Spliting Building (%d, %s)... \n', bIdx,
gisData.PRE.buildings(bIdx).type);

end


c_idx = (gisData.PRE.status_candidate==1);

map_building = (gisData.PRE.b_ID >= 0);

bArea = computeAL(gisData, map_building, c_idx, gisData.R);

c_idx = (bArea >= gisData.Siteselec.area);

gisData.PRE.status_candidate(c_idx) = 0;

c_idx = (gisData.PRE.status_candidate==1); % 从候选点中排除建筑密集区域


all_points = gisData.data(:, gisData.CIdx.pos);

b_center = gisData.PRE.buildings(bIdx).center;
```

```
be_pivot = IsSplitAsPivot(gisData);
type = 'unknown';

if be_pivot % 节点性建筑选址
  type = 'pivot';
    t_idx = gisData.PRE.data_ext(:, gisData.eIdx.pivotDistToNorm) >=
gisData.PivotDistThresholdS;
  t_idx = t_idx & c_idx;
  c_prob = SplitLogPropPivot(gisData, t_idx, bIdx);

else % 非节点性建筑选址
  type = 'normal';
    t_idx = PointDist(all_points, b_center) < gisData.PivotDistThresholdS &
PointDist(all_points, b_center) >= gisData.NormDistThresholdS;
  t_idx = t_idx & c_idx;
  c_prob = SplitLogPropNorm(gisData, t_idx, bIdx);
end

[m_value, block_idx] = max(c_prob);

if gisData.v == 1
    xlog(gisData.Results.LogFids, '\tA <<%s>> building is split from Building
(%d, %s) ... \n', type, bIdx, gisData.PRE.buildings(bIdx).type);
    xlog(gisData.Results.LogFids, '\tBlock %d (value=%f) is selected as a
starting point...\n', block_idx, m_value);
end
```

```
new_blocks = false(size(gisData.PRE.status_candidate));
new_blocks(block_idx) = 1;

if be_pivot
    [gisData, new_b_Idx] = createPivotBuilding(gisData, new_blocks, bIdx);
else
    [gisData, new_b_Idx] = createNormBuilding(gisData, new_blocks, bIdx);
end
```